講
易 義
經

重新排版、校訂及發行

程兆熊《易經講義》之緣起

程兆熊（1908-2001）出生於江西貴谿縣。年幼時由父親啟蒙，後來學習數理，畢業於廣州中山大學，在巴黎凡爾賽園藝學院取得園藝博士。程氏專攻農藝，國學、佛學根柢深厚，尤長於禪學之研究。先後任教於香港新亞書院、臺灣省立農學院。本書原為程兆熊教授在香港中文大學新亞書院擔任經子等課程中之《易經》部講義。

本書特重《易經》語言文字之象徵性，是進入《易經》智慧殿堂的不二法門。余自幼拜讀了此本程氏之講義，獲益良多，轉眼三十多個年頭過去了，其間又深入鑽研了不少關於《易經》的古今著作，始終仍覺得程氏這部《易經講義》能算是學習《易經》之聖經。其立論和大智慧不僅經得住時間考驗，至今仍不失其新意。今天捧讀之餘，深感此書於坊間已難看見，實在可惜！故發心為此書重新排版、校訂，並交由「資本文化出版社」發行，希望能把此書再次獻給有志讀者。惜吾一直未能接觸

到程氏後人，故本書版稅將以程氏名義捐贈慈善機構。未來若有程氏後人得見此書，祈可與出版社聯絡，讓吾幸得相見一代大儒之後人，以慰平生！

中華智慧管理學會　會長　覺慧

謹識於戊戌年處夏

易經講義

目錄

易經講義

目錄

易經講義

目錄

易經講義

目錄

第一講　智慧的書

易經是一智慧的書，其成為經典，是由於從那裏看出了一切的變易，又看出了一切的變不失常。於此有形，便為易象。於此有數，便為易數。於此有理，便為易理。從易象上說，那表白了一大心靈的發展的過程。從易數上說，那表明了一種內在的進化力（Evolution）的作用。（註一）從易理上說，那表示了一切事理的象徵的說法。而為表白一大心靈的發展過程，不能不有一些符號；為表明一種內在的進化力作用，也不能不用一些符號；為表示一切事理的象徵說法，更不能不借助一些符號；如此一來，便接合了原為用作卜筮的卦。由符號的系統的形成與揭發而有卦，故曰：

「卦者，掛也。」

程伊川易序中，一開頭就說：

「易，變易也。隨時變易以從道也。其為書也，廣大悉備，將以順性命之理，通幽明之故，盡事物之情，而示開物成務之道也」。

惟其「隨時變易以從道」，所以從那裏儘看出了一切的變易，又看出了一切的變不失常。而變不失常，亦正所以從道。

惟其「將以順性命之理」，所以在那裏儘表白了一大心靈的發展的過程。而一大心靈的發展過程，亦正所以順性命之理。

惟其「通幽明之故」，所以由那裏儘表明了一種內在的進化力的作用。而一種內在的進化力作用，亦正所以通幽明之故。

惟其「盡事物之情」，所以進到那裏，便儘表示了一切事理的象徵的說法。而一切事理的象徵說法，亦正所以盡事物之情。

由此以「示開物成務之道」，便自如太史公所說之「絜淨精微」。此所以是：

「其為書也，廣大悉備」。

我人於易經一書中，「推辭考卦，可以知變」。惟若是僅僅知變而不知常，便即又如太史公之所說：「其失也，鬼」。大凡對智慧的書，一不善讀，即有此弊。

易簡而天下之理得，惟天下之理得而更易簡，由是而有其變化之無窮，亦由是而有其簡單化到極點。在變化與簡單化之偕行中，有智慧即有性情，而有性情亦必有智慧。於此，易之一書，更凸顯其智慧。惟此智慧，終是從憂患裏出，故曰：

「作易者，其有憂患乎？」

由性情而來的是性情之教。由憂患而來的，亦會是憂患之教。在此一意義下，易經是智慧的書，亦正是憂患之教。

當智慧的書，一成了憂患之教以後，便必然有其永恆性。此使易經，成了經典。只有經典是永恆的，只有有經典的民族是永恆的，只有有經典的國家是永恆的。以此而言，易經又是永恆的書，而我們的國家民族，亦正是永恆的民族，永恆的國。

易經的語言，差不多都是象徵的語言，亦正因為它差不多都是象徵的語言，所以更富於智慧，更有其憂患，並更具備其永恆性。乾坤為易之門，因更有其永恆的創造性。

明卦，適變，通爻，辯位，古人所尚。王弼之易註，程伊川之易傳，對此已詳，當俱有得。惟本講義則特重其語言文字之象徵性，此因既已認其為一永恆的憂患的智慧的書，便自有此一歸向。

第二講　無窮的創造力（一）

≡ ≡ 乾，元亨利貞。（原文）

在乾卦中，有其層層之進展，此則正如層雲之
上昇。層雲之上昇，其象之全為天，其數之極
為九，其理之著為健。於此而具備其無窮的創
造力，以為其性情，便自成一切之始基，而為
元；便自有一切之生長，而為亨；便自獲一切
之暢遂，而為利；便自來一切之完成，而為
貞。此則正如易程傳之所載：

「元者萬物之始，亨者萬物之長，利者萬物之
遂，貞者萬物之成。」

此元亨利貞之四德，基於一無窮的創造力，亦
正基於一永恆的創造性。似此只是健而無息，
似此只是乾，只是天。

人一抬頭望天，當頓悟其永恆的創造性，而具
備其無窮的創造力之際，則由元而亨，由亨而
利，由利而貞，便即是天人合一。

（一）

初九、潛龍勿用。（原文）

由絕大的心靈的收斂，到偉大的生命的潛藏，是潛龍勿用。由至高的精神的凝聚，到全副的性情的潛修，是潛龍勿用。無窮的創造力，由此而起；永恆的創造性，由此而興。故儘為龍之潛者。

收斂凝聚到極點，便簡單化到極點。潛藏潛修到泰初，使簡單化到泰初。如此「一念萬年，心遊邃古」，便自初九，潛龍勿用。

（二）

九二，見龍在田，利見大人。（原文）

見龍在田，則一切便有着土的氣息。龍為大地之龍，而人自更為大地之子。以此而只見天之高，只見地之厚，並只見人之大，故曰：「利見大人」。

惟大人有其心靈之大，有其生命之強，有其精神之顯，有其性情之貞，固皆聯結着土的氣息。由此而「禹稷躬耕而有天下」，則大地之子，便即上同於天。

（三）

九三，君子終日乾乾，夕惕若厲，無咎。
（原文）

至此，既下不在田，又上不在天，故只是懸起，只是騰空。君子由是而終日乾乾，心念一世之人，無非是大地之子；而眼看普天之下，又絕難有枕頭之場。（新約載：狐狸有洞，飛鳥有巢，而人子卻無枕頭的地方。）此所以是「夕惕若厲」。惟永恆之歎，無窮之悲，雖儘在心頭；然覿體承當，自為主宰，亦儘是無咎。

（四）

九四，或躍在淵，無咎。（原文）

承當一切的罪惡，不惜自陷於痛苦的深淵。此之謂「或躍在淵」。至此境地，由悲生慧，由憂患見性情，雖上不在天，下不在田，中不在人，惟儘可「在其自己」，而獲自在，以至無咎。

（五）

九五，飛龍在天，利見大人。（原文）

「飛龍在天」，則全體呈露，統體透明，無非是精神周流，無非是性情貫注。有其無比之心靈，便自有其永恆之生命；有其永恆之生命，便自有其不朽之人寰。如是天大地大道亦大，便自「利見大人」，以成其大。

（六）

上九，亢龍有悔。（原文）

此乃是精神之絕對昂揚，此乃是生命之絕對挺拔。由是而讓一絕大無比之心靈，乏其澤潤，便自有悔。由是而讓一崇高無比的性情，乏其涵蓋，便自有悔。

（七）

用九，見羣龍無首，吉。（原文）

對無窮的創造力而言，實是各各一宇宙，有誰為首？對永恆的創造性而言，實是各各一太極，有誰為首？由是而各各生活於無窮無限中，由是而各各存在於永恆永在裏。以此而更構成一絕對之諧和，故見羣龍，反以無首，為用九之吉。

（八）

彖曰：大哉乾元，萬物資始，乃統天。雲行雨施，品物流形；大明終始，六位時成。時乘六龍以御天。乾道變化，各正性命；保合太和，乃利貞。首出庶物，萬國咸寧。（原文）

由無窮無限的創造力，聯結着整個生命；由永恆永在的創造性，聯結着全副性情；此乃萬物之所資始，亦天地之所由成。此乃「乾元」，實自統天。故如層雲之行，如陣雨之施；品而為物，流而為形。絕大的光明，貫徹終始；六位的架構，隨時而成。而此卦之六位，實同六龍；乘此六龍，可盡天運。

以永恆永在之創造性，為其自性；以無窮無限之創造力，為其本命；則在天運之流轉與乾道之變化中，便自「各正性命」。

由此而各各保有其絕對的諧和，且合此各各保有之絕對諧和，有如光光之相印，則在生命之間，與夫性情之際，便自利貞。此乃生命之利，此乃性情之貞。

由此而更各各凸顯其精神性，而一有其絕對之精神強度，便自首出庶物。

由此而更各各具備其大心靈，而一有其相互之心靈滲透，便自萬國咸寧。

（九）

象曰：天行健，君子以自強不息。潛龍勿用，陽在下也。見龍在田，德施普也。終日乾乾，反復道也。或躍在淵，進無咎也。飛龍在天，大人造也。亢龍有悔，盈不可久也。用九，天德不可為首也。（原文）

六爻創進，乃層雲之上昇；層雲上昇，乃天行之不息。此一宇宙之象徵，自君子視之，便即由瀰天之健，而來一己之誠，故爾「自強不息」。由此而有其一個人的發展，以至家國天下之發展。當「潛龍勿用」時，則一切的力量，潛藏於下。當「見龍在田」時，則「安土敦乎仁故能愛」，即儘有其道德的力量之廣被。當「或躍在淵」時，則儘有其方便力，而進展自如。當「飛龍在天」時，則天人合一，自有其無窮的創造力，以成其大。當「亢龍有悔」時，則卑以自牧，知一切力量的發散，皆不得已。當「用九」時，則永恆的創造性，歸諸自身；有此天德，又何須為首？

第三講　無窮的創造力（二）

（十）

文言曰：元者善之長也，亨者嘉之會也，利者義之和也，貞者事之幹也。君子體仁足以長人，嘉會足以合禮，利物足以和義，貞固足以幹事。君子行此四德，故曰：乾元亨利貞。
（原文）

此乃本人道以言天道，並由事理以明天理。以「元」為善之長，則善之長，即所以為元。由是而人間的善行，便儘可說明着宇宙的本體。以亨為嘉之會，則嘉之會，即所以為亨。由是而人間的好合，便儘可促成着宇宙的諧和。以利為義之和，則義之和，即所以為利。由是而人間的義舉，便儘可填充着宇宙的空虛。以貞為事之幹，則事之幹，即所以為貞。由是而人間的堅貞，便儘可招來着宇宙的完整。

於此，更由乾元亨利貞之四德，以長人，合禮，和義，幹事，則又由天道落到人道，由天理落到事理。

（十一）

初九曰：潛龍勿用，何謂也？子曰：龍德而隱者也。不易乎世，不成乎名，遯世無悶。不見是而無悶，樂則行之，憂則違之，確乎其不可拔，潛龍也。（原文）

有無窮之創造力，以歸於凝聚與收斂，便自有其一己之絕對的堅貞，以歸於黯然而無悶，淡然而自樂，而不復為舉世之所能移易。

（十二）

九二曰：見龍在田，利見大人。何謂也？子曰：龍德而正中者也。庸言之信，庸行之謹，閑邪存其誠，善世而不伐，德博而化。易曰：見龍在田，利見大人，君德也。（原文）

在「庸言之信，庸行之謹」那裏，會有着土的氣息。在「閑邪存其誠，善世而不伐」那裏，也儘會有着土的氣息。若夫「德博而化」，則正如一切在土那裏化生。故見龍在田，會就是無窮的創造力，與土相接，而有其正，而得其中。

（十三）

九三曰：君子終日乾乾，夕惕若厲，無咎，何謂也？子曰：君子進德修業。忠信所以進德也，修辭立其誠，所以居業也。知至至之，可與幾也。知終終之，可與存義也。是故居上位而不驕，在下位而不憂，故乾乾因其時而惕，雖危無咎矣。（原文）

無窮無限的創造力，與土相接，而化生一切；但無邊無際的憂患，亦與土相聯，而「夕惕若厲」。惟生命即由土而長，則心靈亦即由土而啟，性情亦即由土而敦，如此一來，便自捨進德修業以外，別無他事。由是而忠信以赴，則知至至之，知終終之。更由是而修辭立其誠，則不驕不憂，一切坦然。

（十四）

九四曰：或躍在淵，無咎，何謂也？子曰：上下無常，非為邪也。進退無恆，非離羣也。君子進德修業，欲及時也。故無咎。（原文）

在塵土飛揚中，「上下無常」；在風波難測裏，進退無恆。惟以進德修業之及時，自己作得主，故或躍在淵，亦絕不至頭出頭沒。

（十五）

九五曰：飛龍在天，利見大人，何謂也？子曰：同聲相應，同氣相求。水流濕，火就燥，雲從龍，風從虎，聖人作，而萬物睹。本乎天者親上，本乎地者親下，則各從其類也。（原文）

至此便不僅不為法華轉，且儘是轉法華。飛龍在天，一切歸本歸根。聖人在上，一切歸土歸仁。親上親下，固皆「各從其類」，而又彼此一家。

（十六）

上九曰：亢龍有悔，何謂也？子曰：貴而無位，高而無民，賢人在下位而無輔，是以動而有悔也。（原文）

此只是離開了土，離開了大地，因而也就離其自己，所以無位，無民，無輔。

（十七）

潛龍勿用，下也；見龍在田，時舍也；終日乾乾，行事也；或躍在淵，自試也；飛龍在天，上治也；亢龍有悔，窮之災也；乾元用九，天下治也。（原文）

下藏其自己，時舍其自己，有事乎自己，試驗其自己，本向上一機以治其自己，窮其自己，如是「乾元用九」，自作主宰，讓一切「在其自己」，此便是天下治。

（十八）

潛龍勿用，陽氣潛藏。見龍在田，天下文明。終日乾乾，與時偕行。或躍在淵，乾道乃革。飛龍在天，乃位乎天德。亢龍有悔，與時偕極。乾元用九，乃見天則。（原文）

陽氣潛藏，則一切有其自己。天下文明，則一切顯其自己。與時偕行，則一切由其自己。乾道乃革，則一切新其自己。乃位乎天德，則一切完成其自己。與時偕極，又一切重返回其自己。而見天則，則一切更安頓其自己。

（十九）

乾元者，始而亨者也。利貞者，性情也。乾始能以美利利天下。不言所利，大矣哉！（原文）

無窮的創造力，一本於永恆的創造性。其始而亨，便無非是利貞。其利而貞，便無非是性情。由是而性情行事，便自以美利利天下。由是而性情作主，便自不言所利。在天為乾，在人成性，其道實大。

（二十）

大哉乾乎，剛健中正，純粹精也。六爻發揮，旁通情也。時乘六龍，以御天也。雲行雨施，天下平也。（原文）

由剛健中正，而簡單化到極點，又純一化到極點。便只見性情滲透，精神周流，任六爻之成變，如六龍之御天。雲行雨施，一切提起，又一切放下，此天下之所以只是平平。

（二十一）

君子以成德為行，日可見之行也。潛之為言，隱而未見，行而未成，是以君子勿用也。
（原文）

日可見之行，常隱而未見；故以成德為行，每行而未成。在一無限之實踐過程中[●]君子之所求，只是勿用。

（二十二）

君子學以聚之，問以辯之，寬以居之，仁以行之。易曰：見龍在田，利見大人，君德也。
（原文）

聚之於性情之地，辯之於性情之場，居之於性情之天，行之於性情之際。由是見龍在田，便自生民有主。

（二十三）

九三重剛而不中，上不在天，下不在田，故乾乾因其時而惕，雖危無咎矣。（原文）

在一個非常而偉大的時代之脫節下，自只有因此，而更有其無窮而迫切之時代的警惕。

（二十四）

九四重剛而不中，上不在天，下不在田，中不在人，故或之。或之者，疑之也，故無咎。（原文）

此則面臨一非常而絕大之時代的顛倒。必於此而致其非常而絕大之時代的憂疑，始能超越之。

（二十五）

夫大人者與天地合其德，與日月合其明，與四時合其序，與鬼神合其吉凶，先天而天弗違，後天而奉天時。天且弗違，而況於人乎？況於鬼神乎？（原文）

於此，與天地合其德，便全副是精神；與日月合其明，便全副是心靈；與四時合其序，便全副是生命，與鬼神合其吉凶，便全副是性情。其「先天而天弗違」，便具備着永恆的創造性；其「後天而奉天時」，便儘有了無窮的創造力。

（二十六）

亢之為言也，知進而不知退，知存而不知亡，知得而不知喪。其唯聖人乎？知進退存亡而不失其正者，其唯聖人乎？（原文）

「知進退存亡而不失其正」，會只是精神周流，心靈凸顯，生命貫注，性情滲透，而不失其精神之純，心靈之一，與夫生命之簡，性情之貞。

第四講　無限的承當

☷ ☷ 坤，元亨，利牝馬之貞。（原文）

在坤卦中，有其步步之落實，此則正如層岩之
疊起。層岩之疊起，其象之全為地，其數之極
為六，其理之著為順。於此而具備其無限的承
當，以為其性情，便亦儘有其元亨利貞之四
德。惟此「貞」，乃無限承當之貞，亦紅塵滾
滾下之貞，與夫泥土沉沉下之貞。其象實為牝
馬之貞。

（一）

**君子有攸往，先迷，後得主，利。西南得朋，
東北喪朋，安貞吉。（原文）**

承天而行，由地而往。先迷，乃由於其憂疑之
無窮；後得，乃由於其當下之有主。故無非是
利。而得朋喪朋，亦無非是安。以此而貞，自
以此而吉。

（二）

象曰：至哉，坤元，萬物資生，乃順承天。
坤厚載物，德合無疆；含弘光大，品物咸亨。
牝馬地類，行地無疆。柔順利貞，君子攸行；
先迷失道，後順得常。西南得朋，乃與類行；
東北喪朋，乃終有慶。安貞之吉，應地無疆。
（原文）

有無限的承當，便自「德合無疆」。由是而有
一切的合弘，由是而有一切的光大；則自東自
西，自南自北，便自「行地無疆」。更由是而
讓一切歸於安安穩穩，更由是而讓一切歸於平
平正正，則萬變裏的真常，印證着土的氣息，
便自「應地無疆」。

（三）

象曰：地勢坤，君子以厚德載物。（原文）

由層峯之起伏，到層岩之平鋪，從而泥土層
層，便一切歸於坦坦，歸於蕩蕩，又歸於深
深。其上層雲，又復層層直上，此地勢坤之所
以無窮厚。而君子以厚德載物，亦正是君子之
無限的承當。

（四）

初六，履霜堅冰至。（原文）

象曰：履霜堅冰，陰始凝也。馴致其道，至堅冰也。（原文）

履霜寒足，堅冰寒心。由是而有泥足之陷，復有失心之虞。惟欲留萬世之佳種，終有賴於三冬之凍藏。至此，無限之承當，自應馴致其無窮之忍耐。

（五）

六二，直方大，不習無不利。（原文）

象曰：六二之動，直以方也。不習無不利，地道光也。（原文）

新芽出土，無非是直，而三冬即因之退藏。嫩葉初展，無非是方，而乾坤即為之春滿。由方而大，承當一切，而又簡單化到一點，便自爾圓成，固不在「習」。此地道之光，亦「有土」之利。

（六）

六三，含章可貞，或從王事，無成有終。（原文）

象曰：含章可貞，以時發也。或從王事，知光大也。（原文）

有無限之承當，終須有不盡之含藏。由是而清明在躬，便自貞固自守，以時而發；不求其成，但求其了。有智慧之光，即有知慮之大，而美在其中。

（七）

六四，括囊，無咎無譽。（原文）

象曰：括囊無咎，慎不害也。（原文）

由不盡之含藏，更進而自甘枯槁；則晦闇之至，反而秋高氣爽。如是括囊一陣陣之秋聲，於人自何毀何譽？如是括囊一片片之秋色，於己亦無咎無求。秋夜燈燭，既已點殘，則慎勿吹滅。秋郊蘆葦，既已壓傷，則慎勿折斷。故只是括囊，慎而不害。

（八）

六五，黃裳元吉。（原文）

象曰：黃裳元吉，文在中也。（原文）

此乃由無限的承當，進而獲得了一己的精神，生命，心靈與性情的安排；更由一己精神，生命，心靈與性情之安排，又進而獲得了家國天下與夫歷史文化之安頓。「慎不害」之至，便自「黃裳元吉」；一個絕大的人文的黃金時代，會儘在垂裳而黃之中。

（九）

上六，龍戰於野，其血玄黃。（原文）

象曰：龍戰於野，其道窮也。（原文）

文弊之極，一陷於物，則精神空虛，生命枯槁，心靈窒息，性情梏亡。由是而人類亙古未有之禍亂，必然到來。惟當下是禍亂之開頭，亦當下是禍亂的盡頭；彼乾坤之扭轉，固只在一念之間。大盜移心，則龍戰於野；回歸於土，則其血玄黃。由剝而復之機，亦正在此。

（十）

用六，利永貞。（原文）

象曰：用六永貞，以大終也。（原文）

惟永恆的堅貞，始有其精神的強度，生命的擔承，心靈的醒覺，人性的復活。本此以立人極，則人類自有其無窮的遠景，與夫絕大的終場。

（十一）

文言曰：坤，至柔而動也剛，至靜而德方。後得主而有常，含萬物而化光。坤道其順乎？承天而時行。積善之家，必有餘慶；積不善之家，必有餘殃。臣弒其君，子弒其父，非一朝一夕之故，其所由來者漸矣。由辯之不早辯也。易曰：履霜堅冰至，蓋言順也。直其正也，方其義也。君子敬以直內，義以方外，敬義立，而德不孤。直方大，不習無不利，則不疑其所行也。陰雖有美，含之以從王事，弗敢成也，地

道也，妻道也，臣道也。地道無成，而代有終也。天地變化，草木繁；天地閉，賢人隱。易曰：括囊，無咎無譽，蓋言謹也。君子黃中通理，正位居體，美在其中；而暢於四支，發於事業，美之至也。陰疑於陽必戰。為其嫌於無陽也，故稱龍焉；猶未離其類也，故稱血焉。夫玄黃者，天地之雜也，天玄而地黃。（原文）

此乃由無限的承當，而最後更讓一切全歸於道德的安頓。

由道德的安頓，而「後得主而有常」，此乃永恆的安頓。由道德的安頓，而「含萬物而化光」，此乃無限的安頓。

永恆的安頓，乃所以「敬以直內」；無限的安頓，乃所以「義以方外」。以此而「黃中通理」，一切更歸於真正之理性的安頓，亦即至美的安頓。彼天玄而地黃，其血亦復玄黃，則一免於「龍戰於野」，便更讓一切有其血肉的安頓。

第五講　雷雨之動滿盈

☲☲ ☲☲ 屯，元亨，利貞。勿用有攸往，利建侯。
（原文）

於此有一切的興起，有一切的生成，有一切的
樹立，有一切的長存。然於此，更儘有其無窮
無盡的一個過程。惟彼辛勤的工作，才是真實
的生命；惟彼真實的生命，才是屯難的世代裏
之「承先啟後繼往開來」的啣接，以通向無
限，又通向永恆。此所以是：

「利建侯」

（一）

象曰：屯，剛柔始交而難生，動乎險中，大亨
貞，雷雨之動滿盈。天造草昧，宜建侯而不寧。

象曰：雲雷屯，君子以經綸。（原文）

於此，理性的與非理性的，一起呈現，此人道
之所以艱難。惟九死一生，動乎險中，斯性情
之教可立，而「雷雨之動滿盈」。翹首穹蒼，
何能寧處？當一見其為雲時，即應使之為雨。
如此則時雨之化，便即為君子之經綸。

（二）

初九，磐桓，利居貞，利建侯。（原文）

象曰：雖磐桓，志行正也。以貴下賤，大得民也。（原文）

由無限之蒼茫，而來不斷之磐桓。於磐桓之際，前既不見古人，則所期只在來者。於是一切以當下為起點，則上天下地，一己居中，便儘有其志行之正，而一點一滴做些事情。且因其一己心情之無限沉重，而只覺對一切應有其絕對謙卑。此所以「大得民也」。

（三）

六二，屯如邅如，乘馬班如。匪寇婚媾，女子貞不字，十年乃字。（原文）

象曰：六二之難，乘剛也。十年乃字，反常也。（原文）

遙遙此心，慇慇此志。加以無窮無盡的途程，和一步一步的行履，由此而旋乾轉坤，又全憑一點一滴。六二的一切的艱難，會乘乎剛而無可言說。十年的一切的期待，會反乎常而無可言說。

（四）

六三，**即鹿無虞，惟入於林中，君子幾不如舍，往吝。**（原文）

象曰：即鹿無虞，以從禽也。君子舍之，往吝窮也。（原文）

對理想的追求，誠如對小鹿的追逐。惟一時無獵獲之人，即萬古有林中之歎。能姑舍之，則當下就是永恆，眼前即是無限，又何所往？又何所窮？

（五）

六四，**乘馬班如，求婚媾，往吉無不利。**（原文）

象曰：求而往，明也。（原文）

一念之轉，隻手可以回天。一心之明，片時可以無夜。由是而乘馬班如，在光天化日中行，在萬紫千紅中走，則對對雙雙，即各全其性，各遂其情。

（六）

九五，屯其膏，小貞吉，大貞凶。（原文）

象曰：屯其膏，施未光也。（原文）

有性情上的沾滯，即有性情上的膠着；有性情上的膠着，即有性情上的僵持。此在屯難之世，便自推拓不開。由此而反招來天地之閉，與夫賢人之隱。斯誠性情之災，與夫所施之闇。

（七）

上六，乘馬班如，泣血漣如。（原文）

象曰：泣血漣如，何可長也。（原文）

在屯難之世，愈近屯難之盡頭，愈覺末世之來到，但由此而有一絕大悲劇之燭照，則淚盡繼之以血，血盡則更繼之以百世可知而又後生可畏之人，末世又何可長？

第六講　偉大的蒙昧

☵☶ 蒙，亨。匪我求童蒙，童蒙求我。初筮告，再三瀆，瀆則不告。利貞。（原文）

彖曰：蒙，山下有險，險而止。蒙。蒙亨，以亨行，時中也。匪我求童蒙，童蒙求我，志應也。

初筮告，以剛中也。再三瀆，瀆則不告，瀆蒙也。蒙以養正，聖功也。（原文）

象曰：山下出泉，蒙。君子以果行育德。（原文）

於此，「山下有險」，而蒙昧其間，此蓋秉赤子之心，雖遇猛虎，亦屬無患。

於此，「山下出泉」，而原泉混混。此雖蒙昧其初，然終至於海，波瀾壯濶。

由前而言，險為之止。由後而言，水為之清。此皆屬於偉大的蒙昧，故自有其異樣之乾坤。

在那裏所存在着的第一念，會斷然無疑的由第一義而來，故儘有其原始的諧和，更儘有其原始的力量。精神是原始的精神，生命是原始的生命。而心靈則為本來就有的心靈。以言性情，則更是終古如斯，並無兩樣。此所以儘可以率性而行，儘可以放心而止，行無不亨，志無不應，時無不中，養無不正。

只不過童蒙求我，初筮已告；轉念即乖，再三自瀆。由原始的諧和，到最後的諧和，這其間不能更有轉折。由偉大的蒙昧，到清明之在躬，這其間不能更有商討。

（一）

初六，發蒙。利用刑人，用說桎梏，以往吝。（原文）

象曰：利用刑人，以正法也。（原文）

一種偉大的蒙昧之啟發，實乃一種偉大的精神之突變。在生命上，那是：「以前種種，譬如昨日死；以後種種，譬如今日生」。在心靈上，那是「昨夜窗前見明月，曉來不是日頭紅」。而在性情上，則更是「脫胎換骨」。那會有如「刑人」，但儘是「正法」。

（二）

九二，包蒙，吉。納婦吉，子克家。（原文）

象曰：子克家，剛柔節也。（原文）

此乃對所有偉大的蒙昧，當下予以肯定，予以尊崇，予以接納，予以信心。在那裏，會本來就有着無窮希望，所以要永不失望。在那裏，會本來就沒有一點創傷，所以要切勿傷之。只須一己清明之在躬，便即有納婦之吉與夫克家之子，由此而涵天蓋地，便自爾「文思安安」。

（三）

六三，勿用取女，見金夫，不有躬，無攸利。（原文）

象曰：勿用取女，行不順也。（原文）

本來是偉大的蒙昧，而竟只見「金夫」，則即使是獲得了整個世界，亦終於喪失了自己。

（四）

六四，困蒙，吝。（原文）

象曰：困蒙之吝，獨遠實也。（原文）

此乃一偉大的蒙昧，終於只是蒙昧。由是而最初的諧和，不僅不能到達最後的諧和，而且只能歸於暴戾。彼原期暗夜孤明，以光被四表者，至是亦只能困於無明。一遠於「實」，則即不能接上一點，建立一點，和實實在在做一點什麼了。

（五）

六五，童蒙，吉。（原文）

象曰：童蒙之吉，順以巽也。（原文）

只須具備其向上一機，則有偉大的蒙昧，便即有光明之指點。由是而精神便自「上下與天地同流」；生命便自讓「萬物皆備於我」；心靈便自「知遠之近，知風之自，知微之顯」；性情便自「肫肫其仁，淵淵其淵，浩浩其天」。一切是流行，故一切是「順以巽」。

（六）

上九，擊蒙，不利為寇，利禦寇。（原文）

象曰：利用禦寇，上下順也。（原文）

如其是偉大的蒙昧，一旦歸於暴戾，歸於無明，則以之為寇，便為一非理性的世界之來臨；以之禦寇，便為一非理性的世界之克復。於此一順，則天清地寧。於此一逆，則天翻地覆。

第七講　生命之所需

☵ ☰　需，有孚。光亨貞吉。利涉大川。
（原文）

彖曰：需，須也。險在前也。剛健而不陷，其義不困窮矣。需有孚，光亨貞吉，位乎天位，以正中也。利涉大川，往有功也。（原文）

象曰：雲上於天，需，君子以飲食宴樂。
（原文）

對生命之所需，總須得剛健而不陷。如能賦一切物質以精神之意義，則雖險在其前，亦正為雲上於天。以事飲食，則「既飽以酒，又飽以德」。以事宴樂，則「以文會友，以友輔仁」。「素位而行」，便無非是「位乎天位」；由是而福自天申，自然心廣體胖。「行所無事」，便無時不「利涉大川」；由是而命由己立，自然過化存神。

（一）

初九，需於郊，利用恆，無咎。（原文）

象曰：需於郊，不犯難行也。利用恆，無咎，未失常也。（原文）

曠野裏，天高地厚；曠野裏，嶽峙淵停；曠野裏，鳥鳴花放；曠野裏，月白風清。於此，如需於郊，便只是恬然自在。於此，恬然自在，便只是地久天長。由是而青山不老，綠水長存。無躁動輕進犯難之行，又何來失常失實與夫失其雍容之咎？

（二）

九二，需於沙，小有言，終吉。（原文）

象曰：需於沙，衍在中也。雖小有言，以吉終也。（原文）

風沙蔽天，蒼茫一片；惟終非飛沙走石，故猶可坐而言談。只不過風從何處吹來，又向何處吹去？既不能答，即衍在中。於此，大有言是

道,小有言是食。彼「昔賢有遺訓,憂道不憂貧」,固是第一義;而新約所載之「二條魚,五個餅,分而食之」,以繼續其講道,亦儘有其勝義。需於沙者如此,自終有其吉。

(三)

九三,需於泥,致寇至。(原文)

象曰:需於泥,災在外也。自我致寇,敬慎不敗也。(原文)

雖只是一撮泥土,但因其為生命之所需,故義利之辨,由此而起;人禽之辨,由此而起;華夷之辨,亦不能不由此而起。於是正義之所在,不能不敵我分明;真理之所在,不能不敵我分明;家國天下與夫祖宗廬墓之所在,不能不敵我分明。其在外者,固會是無窮的災禍,如潮湧至,千軍萬馬,一齊奔來。然就其在我者而言,則既需於泥,自只有敬慎守之而勿失;敵寇之至,入中國則中國之,入夷狄則夷狄之,生命由泥土而來,終當歸於泥土,固無所謂「敗」。

（四）

六四，需於血，出自穴。（原文）

象曰：需於血，順以聽也。（原文）

由黃帝的子孫的血肉，形成一絕大之歷史文化的血肉，以終歸於無限，歸於永恆，歸於不朽，而走出一絕大無比的憂患的坎穴，此即一無遠弗屆而需於血的生命的途程。於此途程，而「順以聽」，便只見性情。

（五）

九五，需於酒食，貞吉。（原文）

象曰：酒食貞吉，以中正也。（原文）

至此，所謂酒食，那是從郊原曠野中來，那是從風沙蔽天中來，那是從泥土的氣息中來，那又是從血肉與憂患的坎穴中來。由是而生命之所需，便首先是生命的澤潤。由是而生命之澤潤，便首先是生命的酬勞。如無酒食，即無以為歡，無以為慶；更無以為中心難忘之歡，與夫正大堂皇之慶。

（六）

上六，入於穴，有不速之客三人來，敬之終
吉。（原文）

象曰：不速之客來，敬之終吉。雖不當位，未
大失也。（原文）

至此，酒食之餘，潛入於穴，此乃生命之潛
藏，亦正為生命之安息。彼逝者固屬如斯，然
不速之客已至。由是而有潛藏之無限，便即有
安息之永恆。穴處雖不當位，生命終未大失。

第八講　永無休止的爭訟

☰ ☵ 訟，有孚，窒惕，中吉。終凶。利見大人，不利涉大川。（原文）

象曰：訟，上剛下險，險而健，訟。訟有孚，窒惕中吉。剛來而得中也。終凶，訟不可成也。利見大人，尚中正也。不利涉大川，入於淵也。（原文）

象曰：天與水違行，訟，君子以作事謀始。（原文）

「天與水違行」，則「天何言哉」？此固可默然而止。只不過「亂石堆空，驚濤拍岸」，夜正未央，而險象已起。於此，永無休止之爭訟，隨之而來，又何足怪？整個精神，至是而有一正一反；整個生命，至是而有一順一逆；整個心靈，至是而有一明一闇；整個性情，至是而有一貞一乖。由反而逆，而闇，而乖，便一切歸於窒息。此自不能不有其人生的無窮的警惕。由是而「聽訟，吾猶人也」，則「片言折獄」，其中自吉。惟如未能進而「必也，使無訟乎」？則終不足以言全歸於正，全歸於順，全歸於明，全歸於貞。而一陷於永無休止的爭訟，便即入於深淵，難登彼岸。是以作事謀始，務去爭端。

（一）

初六，不永所事，小有言，終吉。（原文）

象曰：不永所事，訟不可長也。雖小有言，其辯明也。（原文）

訟之有無，竟使天之與水，亦有其違行之與否。由是而能於訟之初起，纔動即覺，纔覺即化，則「不永所事」，便自雨過天青；雖「小有言」，儘是明辯。

（二）

九二，不克訟，歸而逋其邑，人三百戶，無眚。（原文）

象曰：不克訟，歸逋竄也。自下訟上，患至掇也。（原文）

再逞以訟，則勢已成而不可挽，即歸於無窮無盡之紛爭，而終於自毀。於此而能讓開一步，則「歸而逋其邑」，以飄然遠引，即上下俱安，而舉世無眚。

（三）

六三，**食舊德，貞厲。終吉。或從王事，無成。**（原文）

象曰：食舊德，從上吉也。（原文）

於一永無休止之爭訟中，只堅持一偉大的傳統，以明是非，以食舊德，雖貞固不移，儘多苦難，然心安理得，不求有成，終可對得住上無下地，終可對得住列祖列宗，未始非吉。

（四）

九四，不克訟，復即命渝，安貞吉。（原文）

象曰：復即命渝，安貞不失也。（原文）

如是不斷而繼續肯定下去，則在肯定復肯定之下，即頓顯其正面之精神，即洞見其正面之生命，即凸出其正面之心靈，即全成其正面之性情。由此而使永無休止之爭訟，終不克訟，則復其見天地之心，回頭為一己之主；便全歸於安，全歸於貞，全歸於「不失」而吉。

（五）

九五，訟元吉。（原文）

象曰：訟元吉，以中正也。（原文）

當永無休止之爭訟，頓成一永續不斷之肯定
時，則一切簡單化之至，便自復其初，自用其
元，自獲其第一義。並自有其中，自有其正，
自有其吉。

（六）

上九，或錫之鞶帶，終朝，三褫之。（原文）

象曰：以訟受服，亦不足敬也。（原文）

爭訟之勝，乃非此一永無休止之爭訟的終結，
而實為另一永無休止之爭訟的開頭。此何足以
言天與水之絕不違行，故只有終朝而三褫之，
自不足敬。

第九講　真理的力量

☵☷ 師，貞。丈人吉，無咎。（原文）

彖曰：師，眾也。貞，正也。能以眾正，可以王矣。剛中而應，行險而順，以此毒天下，而民從之，吉又何咎矣？（原文）

象曰：地中有水，師，君子以容民畜眾。（原文）

真理的力量，潛藏地中，而普天之下，莫不呼應。真理的力量，陷於險境，而普天之下，莫不順從。於此，見出無限之莊嚴；亦於此，見出無窮的心血。由是而地中有水，照見丈人；別具威風，震撼河嶽。在容民以堂堂之陣中，在畜眾以正正之旗下，更由刀兵揮動裏見精神；由頭顱拋擲裏見生命；由決機似水裏見心靈；由不動如山裏見性情。便自絕對否定以力量為真理，斷然肯定以真理為力量。如此以行，吉又何咎？

（一）

初六，師出以律，否藏凶。（原文）

象曰：師出以律，失律凶也。（原文）

真理的力量，就是和同的力量。和同的力量，就是齊一的力量。於此，首先讓所有的力量，一歸於理性的，而擯斥一切非理性的，就是律。

（二）

九二，在師中，吉無咎，王三錫命。（原文）

象曰：在師中吉，承天寵也。王三錫命，懷萬邦也。（原文）

中天而立，順理而行，便自承天之寵。自有性命，全是肝膽，便自懷彼萬邦。

（三）

六三，師或輿尸，凶。（原文）

象曰：師或輿尸，大無功也。（原文）

喪其肝膽，則無心，無靈，且無骨骼。棄其責
任，則無血，無肉，亦無頭顱。以此而知肝膽
即事業，責任即生命。若不足以言此，便自有
輿尸之凶。

（四）

六四，師左次，無咎。（原文）

象曰：左次無咎，未失常也。（原文）

有雷霆萬鈞之力，而自居其左；在風雲萬變之
中，而自有其常。此乃理性作主，此亦為理性
內用。

（五）

六五，田有禽，利執言，無咎。長子帥師，弟子輿尸，貞凶。（原文）

象曰：長子帥師，以中行也。弟子輿尸，使不當也。（原文）

有一切的真理和正義的力量，以為一己之用；而一己則只是坐而論道於斗帳之中，毫不覺已揮斥雲煙於萬里之外。此無他，理性作主，則中道而行，能為長子，即帥其師；軀殼起念，則使失其當，遂令弟子，輿尸而已。

（六）

上六，大君有命，開國承家，小人勿用。
（原文）

象曰：大君有命，以正功也。小人勿用，必亂
邦也。（原文）

讓一切理性的事物與一切非理性的事物，斷然
劃分清楚，並讓一切理性的，克服一切非理性
的，支配一切非理性的，又從而轉化一切非
理性的，這便是真理和正義的力量之一終極
使命。此乃承大君之命而來，此亦承天之命而
來，並為承生民之命而來。由此而開國家萬世
之太平，亦由此而啟人類全新之機運。一上一
下，儘有旋乾轉坤之功；或左或右，翻成小人
亂邦之實。

第十講　偉大的和平相處

☷☷　☷☷　比，吉。原筮。元永貞。無咎。不寧方來。後夫凶。（原文）

象曰：比，吉也。比，輔也。下順從也。原筮元永貞無咎，以剛中也。不寧方來，上下應也。後夫凶，其道窮也。（原文）

象曰：地上有水，比，先王以建萬國，親諸侯。（原文）

地上有水，則一切的生命，有其澤潤。而當一切的生命，俱有其澤潤時，則一偉大的和平相處，便自到來。

地上有水，則一切的精神，有其施洗。而當一切的精神，俱有其施洗時，則一偉大的和平相處，便自到來。

地上有水，則一切的心靈，有其透澈。而當一切的心靈，俱有其透澈時，則一偉大的和平相處，便自到來。

地上有水，則一切的性情，有其沉潛。而當一切的性情，俱有其沉潛時，則一偉大的和平相處，便自到來。

由生命的澤潤，而「肫肫其仁」；由精神的施洗，而「淵淵其淵」；由心靈的透澈，而「浩浩其天」；更由性情的沉潛，而「上天之載，無聲無臭」；則由一偉大的和平相處，便自一切是比輔，一切是親切。

建萬國，而天下一家。親諸侯，而上下一體。「不寧方來」，即天清地寧。獨夫後至，其凶也夫！

於此，一切善意相迎，就是第一義；一切心心相印，就是永恆；一切比輔親切，就是貞。如是方為無咎。

（一）

初六，有孚比之，無咎。有孚盈缶，終來有它吉。（原文）

象曰：比之初六，有它吉也。（原文）

開門見山，開心見誠，開懷見膽，而又開口見
心。由是而當下把一切敞開來，便當下一切信
得及。由是而當下一切信得及，便當下一切比
得到。

比得到，則合得攏。合得攏，則填得滿。由是
而精神充沛，生命豐盈，心靈遍在，性情洋
溢，便自「有孚盈缶」。故比之初六，比之當
下，則吉來四方，儘有它吉。

（二）

六二，比之自內，貞吉。（原文）

象曰：比之自內，不自失也。（原文）

精神與精神之接觸，是比之自內。生命與生命
之接觸，是比之自內。心靈與心靈之接觸，是
比之自內。性情與性情之接觸，是比之自內。
由是而有精神之交流，生命之交往，心靈之交
通，性情之交感。一日如此，一年可知；一年
如此，萬古可知。既有其貞，儘不自失。

（三）

六三，比之匪人。（原文）

象曰：比之匪人，不亦傷乎？（原文）

至於理性與非理性的接觸，則為比之匪人。此則必須有義利之辨，必須有人禽之辨，必須有華夷之辨，方可免於溺陷，方可免於沉淪，方可免於傷害。

（四）

六四，外比之，貞吉。（原文）

象曰：外比於賢，以從上也。（原文）

然一切終有其向上之一機，由非理性的，進而為理性的，則「見賢思齊」，即為外比於賢。故本其性情之貞，即儘有人世之吉。

（五）

九五，顯比。王用三驅，失前禽。邑人不誡，
吉。（原文）

象曰：顯比之吉，位中正也。舍逆取順，失前
禽也。邑人不誡，上使中也。（原文）

此乃精神之涵蓋一切。此乃生命之照應一切。
此乃心靈之通達一切。此乃性情之滲透一切。
由是而有一整個之精神世界，顯在眼前；由是
而有一整個之生命世界，顯在眼前；由是而有
一整個之心靈世界，顯在眼前；由是而有一整
個之性情世界，顯在眼前。如此顯比，則一切
放鬆，便自「失其前禽」。如此顯比，則一切
放下，便自「邑人不誡」。如此顯比，則一切
放平，便自「位於正中」。故吉。

（六）

上六，比之無首，凶。（原文）

象曰：比之無首，無所終也。（原文）

不本其向上之一機，不本其最初之一念，不本其先天之一義，不本其本來之一心。以此而猶求比於人，求比於物，求比於世，求比於天地之間，固皆為比之無首。由是而寡恩固足以樹敵，恩多亦儘足以成仇；眾叛親離，已成末路；離親叛眾，更無所終。故比之道，總在比之以「道」；惟有始有終，方可天長地久，而和平相處。

第十一講　藝術的境界

☰☰ ☰　小畜，亨。密雲不雨，自我西郊。
（原文）

彖曰：小畜，柔得位，而上下應之，曰小畜。
健而巽，剛中而志行，乃亨。密雲不雨，尚往
也。自我西郊，施未行也。（原文）

象曰：風行天上，小畜，君子以懿文德。
（原文）

密雲不雨，自我西郊，而沾衣可濕。以此而
「前不見古人」，更念古人。

風行天下，飄然眼底，而吹面能寒。以此而
「後不見來者」，更念來者。

此乃上下之應，此乃古今之應，此乃人我之
應，此乃風雲之應。其應無窮，惟事小畜。

由是而有一真正之藝術境界，故儘可「健而
巽」，故儘可「以懿文德」。

（一）

初九，復自道，何其咎？吉。（原文）

象曰：復自道，其義吉也。（原文）

知道自己的個性原形，見出自己的本來面目；由是任一己赤條條於天地有形之外，又任一己「復自道」於風雲變態之中。其咎既無，其義自吉。

（二）

九二，牽復，吉。（原文）

象曰：牽復在中，亦不自失也。（原文）

由寒梅之放，而關聯到大雪紛紛的一個冬天的完結，此乃宇宙精神之「牽復在中」。

由燕子之來，而關聯到萬紫千紅的一個春天的出現，此乃一切生命之「牽復在中」。

由蟬聲之至，而關聯到綠蔭隨處的一個夏天的到達，此乃萬古心靈之「牽復在中」。

由桐葉之落，而關聯到黃花滿苑的一個秋天的
揭曉，此乃人我性情之「牽復在中」。

在無窮無盡的關聯下，在永恆永續的牽復中，
只不自失，便自有其境。

（三）

九三，輿説輻，夫妻反目。（原文）

象曰：夫妻反目，不能正室也。（原文）

此乃精神上的自失，此乃生命上的自失，此乃
心靈上的自失，此乃性情上的自失。由此而失
常，失實，失態，並失其本色，本分與本原，
此所以是「輿説輻」，前車可鑒，不能行；此
所以是「夫妻反目」，顛倒乾坤，不能正。又
何能有其文？

（四）

六四，有孚，血去惕出，無咎。（原文）

象曰：有孚惕出，上合志也。（原文）

無窮的眼淚，繼之以無窮的心血；無窮的心血，繼之以無窮的警惕；由是而血去惕出，便自文思安安，而上合志。

（五）

九五，有孚攣如，富以其鄰。（原文）

象曰：有孚攣如，不獨富也。（原文）

日暖風輕，傍花隨柳；源頭活水，虢虢而來。有此心之孚於天地，便自有萬物之牽攣相從。由此大塊文章，俯拾即是；故知藝術境界，「富以其鄰」。

（六）

上九，既雨既處，尚德載，婦貞厲，月幾望，君子征凶。（原文）

象曰：既雨既處，德積載也。君子征凶，有所疑也。（原文）

當密雲不雨之時，已是沾衣可濕。而當密雲既雨時，便自沾衣盡濕。

當風行天上之際，已是吹面能寒。而當風來其處時，便自吹面頓寒。

以此之故，「沾衣欲濕杏花雨，吹面不寒楊柳風」，彼惜其花者，自須更愛其實；彼感其風者，自須更尚其德。既雨既處，而又僅以藝文自了，則雖貞亦厲。若於此回首，自又是一番風光。

第十二講　道德的實踐

☰ ☱ 履虎尾，不咥人，亨。（原文）

彖曰：履，柔履剛也。說而應乎乾，是以履虎尾，不咥人，亨。剛中正，履帝位而不疚，光明也。（原文）

象曰：上天下澤，履。君子以辯上下，定民志。（原文）

上天之載，無臭無聲；下澤之藏，有血有淚。由是而辯上下，以跳火坑；定民志，以履虎尾；則哀而動乎地，即「說而應乎乾」。

（一）

初九，素履往，無咎。（原文）

象曰：素履之往，獨行願也。（原文）

於此，獨行其本心，獨行其本性，即獨行其本願。於此，素履其本分，素履其本色，即素履其本源。

（二）

九二，履道坦坦，幽人貞吉。（原文）

象曰：幽人貞吉，中不自亂也。（原文）

於此，本心之明，本性之養，與本願之遂，即履道之坦坦。於此，本分之安，本色之顯，與本源之清，即幽人之貞吉。

（三）

六三，眇能視，跛能履。履虎尾，咥人凶。武人為於大君。（原文）

象曰：眇能視，不足以有明也。跛能履，不足以與行也。咥人之凶，位不當也。武人為於大君，志剛也。（原文）

眇能視，是「玩弄光景」；跛能行，是播弄精魂；武人為於大君，是氣魄承當。以此而履虎尾，自為咥人之凶。

（四）

九四，履虎尾，愬愬，終吉。（原文）

象曰：愬愬，終吉。志行也。（原文）

「人心惟危，道心惟微；惟精惟一，允執厥中」。在無窮無盡的道德的實踐過程中，會儘有其無窮無盡的生命的危懼。既履虎尾，寧不愬愬？惟志以此而行，儘有其吉。

（五）

九五，夬履，貞厲。（原文）

象曰：夬履貞厲，位正當也。（原文）

大丹將成，而眾魔環伺。人子初臨，而撒旦試探。至此直道而行，便只有貞；中天而立，便只有厲。

（六）

上九，視履考祥，其旋元吉。（原文）

象曰：元吉在上，大有慶也。（原文）

有一個人的完成，即有一個國家的完成。有一個國家的完成，即有一個世界的完成。而有了一個世界的完成，則更有了一個國家的完成；有了一個國家的完成，則更有了一個人的完成。由此而澈上澈下，澈內澈外，澈古澈今，澈往澈來，便自其旋元吉，只視其履；在上有慶，盡考其祥。

第十三講　通行的世界

☷☰ 泰，小往大來，吉亨。

彖曰：小往大來，吉亨，則是天地交，而萬物通也；上下交，而其志同也。內陽而外陰，內健而外順，內君子而外小人，君子道長，小人道消也。（原文）

象曰：天地交，泰。后以財成天地之道，輔相天地之宜，以左右民。（原文）

此只是「忽如一夜春風來，千樹萬梨樹花開」，世界於此，一切通行：精神通於精神，生命通於生命，心靈通於心靈，性情通於性情。由是而天通於地，地通於人，人通於萬物，萬物通於四時；而四時復通於天地萬物，天地萬物復通於一人。在此通行的世界裡，一人可以財成天地之道，輔相天地之宜，以左右民。而萬民則更可財成天地之道，輔相天地之宜，以左右一人。

（一）

初九，拔茅茹，以其彙，征吉。（原文）

象曰：拔茅征吉，志在外也。（原文）

這像是「青春結伴好還鄉」，又儘會是「路上空留馬蹄處」。這像是「一行白鷺上青天」，又儘會是「款乃一聲山水綠」。

（二）

九二，包荒用馮河，不遐遺，朋亡，得尚於中行。（原文）

象曰：包荒，得尚於中行，以光大也。（原文）

心遊邃古，一念萬年。當下是洪荒時代，亦當下是花花綠綠。蓬山雖隔萬重，乾坤終居袖裡。彼光天化日之下，得尚於中行，便自通乎遐邇。

（三）

九三，無平不陂，無往不復，艱貞無咎。勿恤其孚，於食有福。（原文）

象曰：無往不復，天地際也。（原文）

在通行的世界裡，是平面，更是立體，所以無平不陂。在通行的世界裡，是展望，更是回頭，所以無往不復。當天地都已倒轉之際，而猶「人間不識精誠苦，貪看青春舞」，這如何可了？必也回頭轉腦，方「於食有福」。

（四）

六四，翩翩，不富以其鄰，不戒以孚。（原文）

象曰：翩翩不富，皆失實也。不戒以孚，中心願也。（原文）

在通行的世界裡，是着地，不是騰空。所以「翩翩」只是失實。在通行的世界裡，是自足，不是追求。所以「不富」亦只是失實。而「不戒以孚」，便自「行所無事」。

（五）

六五，帝乙歸妹，以祉元吉。（原文）

象曰：以祉元吉，中以行願也。（原文）

帝乙歸妹，其事「不疾而速，不行而至，無為而成」。此固為世界之通行，但亦正是天地之運轉。

（六）

上六，城復於隍，勿用師，自邑告命，貞吝。（原文）

象曰：城復於隍，其命亂也。（原文）

在精神之發展下，正有其反；在生命的發展下，成有其虧；在心靈之發展下，明有其暗；在性情之發展下，貞有其乖。以此之故，世界通行之極，便又「城復於隍」，而有其無日無夜的第二度的堡壘。若於此而更形成其無邊無際的第二度的陣線，以用其師，則雖「自邑告命」，儘有其貞，然其命已亂，終歸於吝。此實只有浩嘆。

第十四講　天人的浩嘆

☷ ☰ 否之匪人，不利君子貞。大往小來。
（原文）

象曰：否之匪人，不利君子貞，大往小來，則是天地不交而萬物不通也，上下不交而天下無邦也。內陰而外陽，內柔而外剛，內小人而外君子，小人道長，君子道消也。（原文）

象曰：天地不交，否。君子以儉德辟難，不可榮以祿。（原文）

於此，否之匪人，自是天人同歎。此使精神為之物化，此使生命為之乾枯，此使心靈為之窒息，此使性情為之偏邪。此自無怪世界為之阻隔，而天地為之不交。此自無怪上下為之交困，而天下為之無邦。此在萬物是無秩序，此在人間是無政府。由是而陰陽倒置，人道消亡。於此之際，讓一切簡單化一點，就是儉德；讓一切純一化一點，就是辟難；讓一切退後一點，就是「不可榮以祿」。若於此而猶未能拜別著繁華，就是小來大往。

（一）

初六，拔茅茹，以其彙，貞吉亨。（原文）

象曰：拔茅貞吉，志在君也。（原文）

至此，相依為命，相期以貞；則結伴而歸，即吉；青雲直上，即亨。

（二）

六二，包承，小人吉，大人否，亨。（原文）

象曰：大人否亨，不亂群也。（原文）

此乃包承一切之苦難，而只知「惟鳥獸不可與同群」。此雖小人之吉，君子之否，惟於此能不亂群體，則舉世即因君子而亨。

（三）

六三，包羞。（原文）

象曰：包羞，位不當也。（原文）

此乃忍受一切的屈辱，雖包羞位不當，但依然
會是忍辱婆羅密。

（四）

九四，有命無咎，疇離祉。（原文）

象曰：有命無咎，志行也。（原文）

只有肯定一切的存在，是真實的存在；從而更
肯定一己之存在，也正是真實的存在；方是有
命無咎，而志行於天人浩嘆之否世。

（五）

九五，休否，大人吉，其亡其亡，繫於苞桑。
（原文）

象曰：大人之吉，位正當也。（原文）

當世界在毀滅之際，當天地在覆滅之時，而能精
神一顯，生命一顯，心靈一顯，性情一顯，則
一休其否，便即為大人之吉。然若只是一顯，則
「其亡其亡，繫於苞桑」，又何能安？

（六）

上九，傾否，先否後喜。（原文）

象曰：否終則傾，何可長也。（原文）

暗夜裏的孤燈，會終於是照見大地，待雞一鳴
時，而天下皆白。白雪裏的寒梅，會終於是開
遍大地，待冬一去時，而萬古同春。夜總會
盡，冬總會殘。當夜盡冬殘時，人總會醒，
春總會來。以此而否傾，亦以此而喜至。至是
「樂意相關禽對語，生香不斷樹交花」，有天
人之浩嘆，即終有天地之久長。

第十五講　人道的尊嚴

☰ ☲　同人於野，亨，利涉大川。利君子貞。
（原文）

象曰：同人，柔得位，得中而應乎乾，曰同人。
同人曰：同人於野，亨，利涉大利，乾行也。
文明以健，中正而應，君子正也。唯君子為能
通天下之志。（原文）

象曰：天與火，同人。君子以類族辨物。
（原文）

天之與火，天高而火亦高，天上而火亦上，天
明而火亦明，天大而火亦大。浩浩其天，炎炎
其火。在那裡，天以尼山為木鐸，便自「文明
以健，中正而應」。在那裡，火延曠野有人
聲，便自「同人於野」，「利涉大川」。在那
裏，「唯君子為能通天下之志」，那是同人於
性情之貞；在那裡，「得中而應乎乾」，那是
同人於天行之健。以此而「類族辨物」，便只
見人道之尊嚴。

（一）

初九，同人於門，無咎。（原文）

象曰：出門同人，又誰咎也。（原文）

同人於門，便只見天高地厚，便只見道之浩
浩。一切從四面八方而來，一切又向四方八面
而去。四通八達，又果誰咎？

（二）

六二，同人於宗，吝。（原文）

象曰：同人於宗，吝道也。（原文）

同人於宗，則反而只見其門戶之森森，只見其
庭院之深深。雖回頭見其所宗，見其所主，但
亦只見其巍巍然，終不足以語天清地寧，天長
地久。

（三）

九三，伏戎於莽，升其高陵，三歲不興。
（原文）

象曰：伏戎於莽，敵剛也。三歲不興，安行也。
（原文）

於此，會儘有其無窮的委屈。惟既「伏戎於莽」，便只好布施持戒。惟既「升其高陵」，便只好「忍辱精進」。惟既「三年不興」，便只好「禪定智慧」。由此而終獲其一種無窮的方便力，則此無窮的委屈，一同於人，即更顯其無限的莊嚴相。

（四）

九四，乘其墉，弗克攻，吉。（原文）

象曰：乘其墉，義弗克也。其吉，則困而反則也。（原文）

人非不能呼風喚雨。但風雨不來，而故人來，豈非更好？若乘其墉，而義弗克，則反而自守其道，以同於人，其吉可知。

（五）

九五，同人先號咷而後笑，大師克相遇。
（原文）

象曰：同人之先，以中直也。大師相遇，言相克也。（原文）

人道之尊嚴，惟賴正義之申張；而正義之申張，則常為號咷之先至。由是而以雷霆萬鈞之力，作斷然之一擊，則一擊即克，一克即平，一平即笑，而相遇如初，相與如故。

（六）

上九，同人於郊，無悔。（原文）

象曰：同人於郊，志未得也。（原文）

同人於郊，固可以，「浴乎沂，風乎舞雩，詠而歸」；亦可以退而居九夷，進而乘桴浮於海。然其同為無悔，則萬古如斯。志之未得，自匪所計。只是跳出一步，天地已為之益寬，世界已為之益廣，同人已為之益多。

第十六講　世界的豐盈

☲ ☰ 大有，元亨。（原文）

彖曰：大有，柔得尊位大中，而上下應之，曰大有。其德剛健而文明，應乎天而時行，是以元亨。（原文）

象曰：火在天上，大有，君子以遏惡揚善，順天休命。（原文）

由火在天上，而照見世界的豐盈。一切生生不已，一切化化無窮。由此而萬象森然，便自大有。由此而沖漠無朕，便自元亨。遏惡以揚善，則「德剛健而文明」；順天以休命，則應乎天而時行。光明高照，位居大中；世界豐盈，上下齊應。蓋皆以柔行之，以柔得之。

（一）

初九，無交害，匪咎，艱則無咎。（原文）

象曰：大有初九，無交害也。（原文）

人害一己，即害他人；人害他人，即害一己。且因此交害，遂頓失其應有的一個世界的豐盈。故無交害，實乃萬有之起點，大有之始基。惟此亦復不易。必知其艱，方可無咎。

（二）

九二，大車以載，有攸往，無咎。（原文）

象曰：大車以載，積中不敗也。（原文）

大車以載，則「以厚載物」；以厚載物，則「有孚盈缶」。有孚盈缶，則積中不敗。積中不敗，則世界豐盈。

（三）

九三，公用亨於天子，小人弗克。（原文）

象曰：公用亨於天子，小人害也。（原文）

於此，有其公，即有其大；有其大，即有其多；有其多，即有其用；有其用，即有其亨。由是而任重道遠，則其氣如虹，其積如山。小人害於此義，便只是私，只是小，只是弗克，只是空虛。

（四）

九四，匪其彭，無咎。（原文）

象曰：匪其彭，無咎，明辯晢也。（原文）

於世界的豐盈中，保持其一己之清明性，以凸顯其精神，凸顯其生命，凸顯其心靈，凸顯其性情，而匪其彭，捨其盛，用其簡，馭其繁，便自無咎。

（五）

六五，厥孚交如，威如，吉。（原文）

象曰：厥孚交如，信以發志也，威如之吉，易而無備也。（原文）

此乃「萬有」都被賦以精神的價值，都被賦以心靈的價值。此所以上下應之，而信以發志，只是交如。

此乃「大有」都具備其生命的意義，都具備其性情的意義。此所以天下咸服，而易而無備，只是威如。

（六）

上九，自天祐之，吉無不利。（原文）

象曰：大有上吉，自天祐也。（原文）

有上天之祐汝，即有世界之豐盈。而有世界之豐盈，亦即有上天之祐汝。

由是而精神顯發，高尚其志。由是而生命安頓，氣志如神。由是而心靈有着，觸之不動。由是而性情無礙，祇尚乎賢。

此所以既為大有，便為上吉。天祐人祐，初無二致。

第十七講　永遠的謙卑

☷☶ 謙，亨。君子有終。（原文）

彖曰：謙亨，天道下濟而光明，地道卑而上行。天道虧盈而益謙，地道變盈而流謙，鬼神害盈而福謙，人道惡盈而好謙。謙尊而光，卑而不可踰。君子之終也。（原文）

象曰：地中有山，謙，君子以裒多益寡，稱物平施。（原文）

於此，山非不高，而竟居地下；地非不卑，而可在山頭。當以高為卑之際，便亦儘可以卑為高。由是而高不必為高，卑不必為卑，一切儘是平平。而當一切儘是平平時，更一切不妨下下，此即為一永遠之謙卑。

只有在一永遠的謙卑下，才可以真正裒多益寡；只有在一永遠的謙卑下，才可以稱物平施。

（一）

初六，謙謙君子，用涉大川，吉。（原文）

象曰：謙謙君子，卑以自牧也。（原文）

在一永遠之謙卑下，謙之又謙，卑之又卑，下之又下，則所以自處者，正所以自牧；所以自牧者，正所以自成；所以自成者，正所以成物。而與物咸宜，與人同吉；並與大地同春，與上天同在。

（二）

六二，鳴謙，貞吉。（原文）

象曰：鳴謙貞吉，中心得也。（原文）

由謙而鳴，則由卑而興，由下而上，便自「一個黃鸝飛上天」，無非是心安理得。

（三）

九三，**勞謙君子，有終吉。**（原文）

象曰：**勞謙君子，萬民服也。**（原文）

只是永遠的謙卑，又只是辛勤的工作，由是而我之為我，便亦只是一股精神，一副心靈，一番性情，而構成一個生命。本此生命，便自為萬民之所服。

（四）

六四，**無不利，撝謙。**（原文）

象曰：**無不利撝謙，不違則也。**（原文）

只是永遠的謙卑，又只是辛勤的工作，更只是欣然的俯伏，則不違於己，不違於心，即不違於人，不違於理。不違於人，不違於理，即不違於天，不違於則。

（五）

六五，不富以其鄰，利用侵伐，無不利。（原文）

象曰：利用侵伐，征不服也。（原文）

由是而有當下之自足，便自「不富以其鄰」。由是而有當下之自肯，便自有位而咸服。其有不服者，會只是一永遠的驕矜，會只是一腐朽的退墮，會只是一凶頑的叛逆。以此而對之「利用侵伐」，自無不利。

（六）

上六，鳴謙，利用行師，征邑國。（原文）

象曰：鳴謙，志未得也。可用行師，征邑國也。（原文）

由謙而鳴，由卑而興，由下而上，亦會是「一騎紅塵妃子笑」，而志功未得。惟如能置身事外，自處超然，而又自視歉然，且由是而更虛以容物，謙以處人，並舉能者，以「利用行師」，而征邑國；則由永遠的謙卑，而辛勤的工作；由辛勤的工作，而欣然的俯伏，更由欣然的俯伏，而安然的退藏，便自有其無窮無盡的家當。

第十八講　順以動的作為

☷☳ 豫，利建侯，行師。（原文）

彖曰：豫，剛應而志行，順以動，豫。豫順以動，故天地如之，而況建侯行師乎？天地以順動，故日月不過，而四時不忒。聖人以順動，則刑罰清而民服。豫之時義大矣哉！（原文）

象曰：雷出地奮，豫。先王以作樂崇德，殷薦之上帝，以配祖考。（原文）

天地以順動，即順天地以動，以作其樂。聖人以順動，即順聖人以動，以崇其德。此即順以動的作為。只有這順以動的作為，才可以「殷薦之上帝」，而頂天立地。只有這順以動的作為，才可以「以配祖考」，而繼往開來。只有這順以動的作為，才可以「利建侯」，而建天國於人間。只有這順以動的作為，才可以利「行師」，而行仁義於天下。由是而「剛應」，則一大理性的政治，即如雷以出；由是而「志行」，則一大真理的力量，即從地而奮。此所以為豫，並儘有其一絕大之和悅。

（一）

初六，鳴豫，凶。（原文）

象曰：初六，鳴豫，志窮凶也。（原文）

由豫而鳴，此只是「頻呼小玉元無事，為要檀郎識得聲」。初則不知天高地厚，繼則耽於逸樂，終則志窮氣短，必至陷溺，而不足以言順以動的作為。

（二）

六二，介於石，不終日，貞吉。（原文）

象曰：不終日，貞吉，以中正也。（原文）

雖順以動，而其介如石，這正是：「不是一番寒徹骨，爭得梅花撲鼻香」？若無其絕對的精神和獨特的生命，又何能順天地以動，而和不失中？

雖順以動，而逸不終日，這正是：「纔動即覺，纔覺即化。」若無其悲寂的心靈和憂患的性情，又何能順聖人以動？而樂有其正！

在無限的堅貞裏，和不失中。在永恆的警惕裏，樂有其正。則以其中正，即動無不吉。

（三）

六三，盱豫，悔。遲有悔。（原文）

象曰：盱豫有悔，位不當也。（原文）

由衷而順以動，則「在其自己」；盱他而順以動，則「離其自己」。在其自己，則今日如此，明日如此，生自在，死自在。離其自己，則進亦不得，退亦不得，速有悔，遲有悔。

（四）

九四，由豫，大有得，勿疑朋盍簪。（原文）

象曰：由豫，大有得，志大行也。（原文）

此乃由一己之精神有獨到處，此乃由一己之生命有獨到處，此乃由一己之心靈有獨到處，此乃由一己之性情有獨到處，故可一任其一己之豫，而大有所得，大有所為，大有所行。但於此，總要信得及，見得到，合得來，才可以把一切聚得攏。

（五）

六五，貞疾，恆不死。（原文）

象曰：六五貞疾，乘剛也。恆不死，中未亡也。
（原文）

此乃由順以動之作為，而到來之一無可克服的
憂患。彼「眾生有疾，故我有疾」，惟既有其
性情之貞以乘剛，則中有未亡，自恆不死。

（六）

上六，冥豫成，有渝無咎。（原文）

象曰：冥豫在上，何可長也？（原文）

有大回頭的順以動之作為，亦有永不回頭的順
以動之作為。於此，只有回頭是岸，回頭是
父，而可「復其見天地之心」，見一己之性。
若永不回頭，則風波永遠是風波，浪子永遠是
浪子。而天地茫茫，自性冥冥，只是「醇酒，
婦人與歌唱」，又何可長？

第十九講　天下隨時

☰☷ 隨，元亨利貞，無咎。（原文）

彖曰：隨，剛來而下柔，動而說，隨。大亨貞，無咎。而天下隨時，隨時之義大矣哉！（原文）

象曰：澤中有雷，隨，君子以嚮晦入宴息。（原文）

於此，隨時而元，隨時而亨，隨時而利，隨時而貞，便自隨時而無咎。

剛來而隨時以下柔，動中而隨時以自悅，天下隨時，我無二致。

澤中有雷，水波不興；春風無事，反吹皺一池春水。君子於此，只是安安，只是閒閒，故自隨時「以嚮晦入宴息」。而當其隨時以起時，便又「日暖風和近午天，傍花隨柳過前川」。並從而「等閒識得春風面，萬紫千紅總是春」。

（一）

初九，官有渝，貞吉，出門交有功。（原文）

象曰：官有渝，從正吉也。出門交有功，不失也。（原文）

有其正面之精神，則不守故常，亦隨時而吉。有其正大之生命，則出其門庭，亦隨時而吉。有其正直之心靈，則交遊四海，亦隨時而吉。有其正中的性情，則即無功，亦隨時而吉。今有渝而從正，有功而不失，則其為吉，自更可知。

（二）

六二，係小子，失丈夫。（原文）

象曰：係小子，弗兼與也。（原文）

天下隨時以係小子，天下亦隨時以失丈夫。此常不可兼與。惟亦正可於此作育英才。

（三）

六三，係丈夫，失小子。隨有求得，利居貞。
（原文）

象曰：係丈夫，志舍下也。（原文）

天下隨時以係丈夫，天下亦即隨時以失小子。
此固無可如何。惟亦正可於此調和鼎鼐。

（四）

九四，隨有獲，貞凶。有孚在道，以明，何
咎？（原文）

象曰：隨有獲，其義凶也。有孚在道，明功也。
（原文）

隨時之義，乃在隨時創造，不在隨時佔有。故
隨時有獲，雖正亦凶。然若「以財發身」而不
「以身發財」，以有孚；「使民有菽粟如水
火」，以在道；則以明其功，亦未始不足以明
其仁，而又何咎？

（五）

九五，孚於嘉，吉。（原文）

象曰：孚於嘉吉，位正中也。（原文）

天下隨時而孚於嘉，孚於真，孚於善，孚於
美。則在聖人，即為「從容中道」，即為「動
容周旋中禮」；而在常人，即為「民日遷善而
不知」，並不知手之舞之，足之蹈之。此乃所
隨無非大正，所行無非至中。

（六）

上六，拘係之乃從。維之。王用亨於西山。
（原文）

象曰，拘係之，上窮也。（原文）

天下隨時，而隨其所生，隨其所長，隨其所
成，隨其所化。由是而精神與精神之間，於隨
時之極，即形同一氣；由是而生命與生命之
間，於隨時之極，即形同一體；由是而心靈與
心靈之間，於隨時之極，即形同一貫；由是而
性情與性情之間，於隨時之極，即形同一脈。
在一氣之下，一切拘於一氣。在一體之下，一
切係於一體。在一貫之下，一切從於一貫。在
一脈之下，一切維於一脈。隨於東海，亨於西
海；隨於東山，亨於西山。

第二十講　天下紛紛

☶ ☴ 蠱，元亨，利涉大川，先甲三日，後甲三日。（原文）

彖曰：蠱，剛上而柔下，巽而止，蠱。蠱元亨，而天下治也。利涉大川，往有事也。先甲三日，後甲三日，終則有始，天行也。（原文）

象曰：山下有風，蠱，君子以振民育德。（原文）

天下紛紛，則蠱而有事。然以天下之人，治天下之事，固自元亨。

山下有風，則蠱而多惑。然「君子之德風，小人之德草，草上之風必偃」，固自利涉大川。

由欲「以天下之人，治天下之事」而元亨，則在其先，自必須有「先甲三日」之再三興發；而在其後，亦必須有「後甲三日」之再三扶持。如是「終則有始」，便自如天之行。

由欲使「君子之德風，小人之德草，草上之風必偃」，而利涉大川，以渡過一切的艱險，而同登彼岸，重開太平，則在其外，有無窮的事要做，但都不外是振民；而在其內，亦有無窮的事要做，但都不外是育德。於是民振，則天下紛紛，自歸於定。於是德育，則山下有風，自歸於靜。此即為天下治。

（一）

初六，幹父之蠱，有子。考無咎，厲終吉。（原文）

象曰：幹父之蠱，意承考也。（原文）

天下紛紛，幹父之蠱，有子接上去，則子又有子，便即形成一偉大的傳統。

山上有風，幹父之蠱，有子立起來，則子又有子，便即形成一全新的場合。

在一偉大的傳統下，以意承考，自是無咎。在一全新的場合中，實際做去，雖厲終吉。

（二）

九二，幹母之蠱，不可貞。（原文）

象曰：幹母之蠱，得中道也。（原文）

天下紛紛，總須曲成萬物。故幹母之蠱，只好屈從，而不可貞固。

山下有風，總須應避則避。故幹母之蠱，曲能有誠，而亦得中道。

（三）

九三，幹父之蠱，小有悔，無大咎。（原文）

象曰：幹父之蠱，終無咎也。（原文）

只憑一偉大的傳統，而幹父之蠱，會儘遭受着無窮無盡的苦難。雖小有悔，但決無大咎。

只憑一全新的場合，而幹父之蠱，會儘遭遇着無窮無盡的艱辛。但既有父，即終於無咎。

（四）

六四，裕父之蠱，往見吝。（原文）

象曰：裕父之蠱，往未得也。（原文）

只圖擺脱着無窮無盡的苦難，而守其故常；只
圖避免着無窮無盡的艱辛，而適應新局；則
「裕父之蠱」，雖能寬裕以處其事，然以此而
往，終不足以語於時代之扭轉，而難免於落空
而亡。其吝只是軟弱。

（五）

六五，幹父之蠱，用譽。（原文）

象曰：幹父用譽，承以德也。（原文）

幹父之蠱，用其精誠；則雖軟弱，亦可保其令
譽。此乃為對一偉大的傳統之承接，固屬只承
以德；即對一全新的場合之承受，亦屬只承以
德。

（六）

上九，不事王侯，高尚其事。（原文）

象曰：不事王侯，志可則也。（原文）

天下紛紛，不事王侯，然於此，而更有事於百世之上，又有事於百世之下，以上對無窮無盡的古人，以下對無窮無盡的來者；由此而心存萬古，便自能確有千秋。其所謂高尚其事，實仍不外乎「為天地立心，為生民立命，為往聖繼絕學，為萬世開太平」。亦必如是，方為其「志可則」。

第二十一講　光明的來臨

☷☷ ☷☷ 臨，元亨。利貞。至於八月，有凶。
（原文）

彖曰：臨，剛浸而長，說而順。剛中而應。大
亨以正，天之道也。至於八月有凶，消不久
也。（原文）

象曰：澤上有地，臨，君子以教思無窮，容保
民無疆。（原文）

澤上有地，而當地為林地時，便自「剛浸而
長」。在那裡，你可設想着古希臘神話中的奈
西休士（Narcissus）之神的到臨。

澤上有地，而當地為草地時，便自「說而
順」。在那裡，你又可設想着古神州綠野裡的
「關關雎鳩」之詩的到臨。

澤上有地，而當地為麥地時，便自「剛中而
應」。在那裡，你還可設想着古希伯來文明
中，自耶穌以降的諸多使徒們的到臨。

澤上有地，而當地為稻地時，便自「大亨以正」。在那裡，你更可設想着我中國文化裡，自伏羲，神農，黃帝，堯，舜，禹，湯，文，武，周公，孔子以降的無數聖哲們的到臨。

時至八月，只待秋收；然冰霜漸至，凶亦來臨。君子於此，便自有其教思之無窮。總須以其人之道，而上合於天之道，方足以容保民之無疆，而真獲其光明之來到。

(一)

初九，咸臨，貞吉。（原文）

象曰：咸臨貞吉，志行正也。（原文）

有精神之交感，有生命之交感，有心靈之交感，有性情之交感。既已交感，便即咸臨。此乃由於一己之無比的堅貞，此亦由於一己志行之正。

（二）

九二，咸臨，吉，無不利。（原文）

象曰：咸臨，吉無不利，未順命也。（原文）

有一己無比之堅貞，從而更有其精誠之感召，則彼此咸臨，雖非順從，亦自有其吉。

有一己志行之正，從而更有其至性之動人，則彼此咸臨，雖未順命，亦自無不利。

（三）

六三，甘臨，無攸利。既憂之，無咎。（原文）

象曰：甘臨，位不當也。既憂之，咎不長也。（原文）

此則如奈西休士（Narcissus）神之臨水自照，自愛其一己之倩影，以致憔悴而死。此雖甘臨，但無攸利。且由是而生其亙古未有之悲涼，並形成其真正西方世界之悲劇。然若心焉憂之，則其咎不長，故亦無咎。

（四）

六四，至臨，無咎。（原文）

象曰：至臨無咎，位當也。（原文）

此則如唐●吉阿德先生之持其長鎗，騎於馬上，
以歐洲中古騎士之風，而死死追逐其一己之影
子，其為可笑之至，正是至臨乎人心。然以其
對一己理想之至誠，並具備其一己精神之正，
而安其一己生命之位；不失其一己心靈之當，
而有其一己性情之貞；故自無咎。

（五）

六五，知臨，大君之宜，吉。（原文）

象曰：大君之宜，行中之謂也。（原文）

只因有其清明之在躬，便自獲其光被於四表。
如此光明之來臨，會使一己為之不同，會使人
人為之兩樣，會使世界為之全新，會使乾坤為
之扭轉。優遊於其內，實乃大君之所宜；行走
於其中，便自大人之事畢。若識無明之凶，即
悟「知臨」之吉。

（六）

上六，敦臨之吉，無咎。（原文）

象曰：敦臨之吉，志在內也。（原文）

有精神之強，即有生命之大。有生命之大，即有心靈之廣。有心靈之廣，即有性情之敦。由是而高明配天，博厚配地，則悠久無疆，便自敦臨，而整個是吉。雖志在內，有其光明之來臨，又有其光明之收斂，但自無咎。

第二十二講　中正以觀天下

☰☷ 觀，盥而不薦，有孚顒若。（原文）

彖曰：大觀在上，順而巽，中正以觀天下。觀盥而不薦，有孚顒若，下觀而化也。觀天之神道，而四時不忒。聖人以神道設教，而天下服矣。（原文）

象曰：風行地上，觀，先王以省方觀民設教。（原文）

大觀在上，會儘有其絕對精神，瀰漫於整個宇宙之內，由是而一切便無非是順以從。

中正以觀天下，會儘有其神聖生命，充滿於整個人間之世，由是而一切便無非是巽以動。

下觀而化，會儘有其美妙心靈，普現於整個自然之中，由是而一切便無非是「有孚顒若」。

終於平觀，而「風行地上」，會儘有其真正性情，凸顯於一草一木之間，由是而一切便無非是「教」。

因此之故，「先王以省方觀民設教」。

（一）

初六，**童觀**，小人無咎，君子吝。（原文）

象曰：初六童觀，小人道也。（原文）

此乃對絕對精神之遠離，此乃對神聖生命之遠隔，此乃對美妙心靈之遠窺，此乃對真正性情之遠測。因有未見，故只是淺識。因有未清，故只是模糊。似此童觀，其道自小。

（二）

六二，**闚觀**，利女貞。（原文）

象曰：闚觀女貞，亦可**醜**也。（原文）

不能中正以觀天下，便即降而為闚觀，而利女人之貞。其道之小，只是自限。

（三）

六三，**觀我生進退。**（原文）

象曰：觀我生進退，未失道也。（原文）

不能中正以觀天下，退而觀我生之進退，由是
而能深深知道其自己，則亦未為失道。

（四）

六四，**觀國之光，利用賓於王。**（原文）

象曰：觀國之光，尚賓也。（原文）

惟中正以觀天下，始能觀國之光，從而大觀於
上，下觀而化；並風行地上，尚賓於四方。

（五）

九五，**觀我生，君子無咎。**（原文）

象曰：**觀我生，觀民也。**（原文）

真觀我生者，必以中國為一人，以天下為一家，以萬物為一體。由是而中正以觀天下，則觀我生，亦即觀民。君子於此，只求無咎。

（六）

上九，**觀其生，君子無咎。**（原文）

象曰：**觀其生，志未平也。**（原文）

由中正以觀天下，而使天下中正以觀一己，則「觀其生」者，又只見君子之無咎。然君子於此，終覺媿對一己，媿對蒼生，媿對萬物，媿對古今。

第二十三講　雷電合而章

☳ ☲ 噬嗑，亨，利用獄。（原文）

彖曰：頤中有物，曰噬嗑。噬嗑而亨，剛柔分，動而明，雷電合而章，柔得中而上行，雖不當位，利用獄也。（原文）

象曰：雷電，噬嗑，先王以明罰敕法。（原文）

頤中有物，那一方面會柔如蓮花，那一方面又會硬如花崗石。在那裏，剛柔一分，便噬嗑無間。在那裏，噬嗑無間，便一視同仁。在那裏，一視同仁，便動合天地。在那裏，動合天地，便統體透明。由是而更一方面會是雷電之章，一方面又會是血肉之固。生命之柔，於此得中；一切上行，不許下墮。雖是血親，仍用雷電；明罰敕法，自章而亨。

（一）

初九，**履校滅趾，無咎。**（原文）

象曰：**履校滅趾，不行也。**（原文）

既雷電合而章，則履校滅趾，使過不行，以全其身，以全其仁，又有何咎？

（二）

六二，**噬膚滅鼻，無咎。**（原文）

象曰：**噬膚滅鼻，乘剛也。**（原文）

既雷電合而章，則噬膚滅鼻，以乘其剛，而全其體，而全其義，亦自無咎。

（三）

六三，噬腊肉，遇毒，小吝，無咎。（原文）

象曰：遇毒，位不當也。（原文）

此乃所噬之不化，故反遇毒，而無可如何。然能知其無可如何，而思位有不當，則亦無咎。

（四）

九四，噬乾肺，得金矢，利艱貞吉。（原文）

象曰：利艱貞吉，未光也。（原文）

此乃所噬之強頑，如得金矢。然於此而能戒慎恐懼，艱貞以赴，則雖未得心應手，亦有其吉。

（五）

六五，噬乾肉，得黃金，貞厲，無咎。（原文）

象曰：貞厲無咎，得當也。（原文）

此乃所噬之僵固，如得黃金。然必此優固之能突破，始得其當。由是而更須一己之堅貞，與夫內心之危厲，方可無咎。

（六）

上九，何校滅耳，凶。（原文）

象曰：何校滅耳，聰不明也。（原文）

無雷電之合而章，則所應噬者，即由不化，進而為強頑；復由強頑，進而為僵固；更由僵固，進而為不復可噬，不復可制。至此之際，而何校滅耳，實聰不明。因聰不明，而導致毀滅，其凶可知。

第二十四講　人文化成

☲ ☲ 賁，亨，小利有攸往。（原文）

彖曰：賁，亨。柔來而文剛，故亨。分剛上而文柔，故小利有攸往，天文也。文明以止，人文也。觀乎天文，以察時變。觀乎人文，以化成天下。（原文）

象曰：山下有火，賁，君子以明庶政，無敢折獄。（原文）

山下有火，則谷中亦復通明。以言人間，則更是光明普照。此與外方文明之以普羅米休士(Prometheus)精神為象徵，而認火自天來者，自是大異其趣。在這裡，會只是「柔來而文剛」；在這裡，又會只是「分剛上而文柔」。一剛一柔，無非是文；澈上澈下，無非是明。由是而文明以止乎人心，則為至道；由是而文明以止乎人性，則為大德。本其至道，以去其無明之心；本其大德，以去其無明之性；此即為人文之所以化成天下。然於此，庶政之明，終為大事。

（一）

初九，賁其趾，舍車而徒。（原文）

象曰：舍車而徒，義弗乘也。（原文）

在人文化成下，一賁其趾，便是第一步踏入於光明普照之中。若於此而不舍車而徒，又豈可足之蹈之，手之舞之？故為從其志，義應弗乘。

（二）

六二，賁其須。（原文）

象曰：賁其須，與上興也。（原文）

在人文化成中，賁其須，則須食者，與之食；須道者，與之道。由是而俱與上興，則一切是上天的恩典。

（三）

九三，賁如濡如，永貞吉。（原文）

象曰：永貞之吉，終莫之陵也。（原文）

有人文賁如之化成，即有生民濡如之澤潤。由
是而永歸於貞，終莫之陵。

（四）

六四，賁如皤如，白馬翰如。匪寇婚構。
（原文）

象曰：六四當位疑也，匪寇婚構，終無尤也。
（原文）

有人文賁如之化成，或置疑於皤如之純素。然
若一切仍能歸於簡單化之途徑，則白馬翰如，
飛奔其上，匪人文之寇，乃婚構之親，自終無
尤。

（五）

六五，賁於丘園，束帛戔戔，吝，終吉。
（原文）

象曰：六五之吉，有喜也。（原文）

此乃有人文之賁，更有丘園之樂，由是而「束帛戔戔」，安於獨體，只守其約，雖吝終吉，一切有喜。

（六）

上九，白賁，無咎。（原文）

象曰：白賁無咎，上得志也。（原文）

此乃人文之化成，終歸於「上天之載，無聲無臭」。以此白賁，便只是志得，更有何咎？

第二十五講　順而止之

☷☷ 剝，不利有攸往。（原文）

彖曰：剝，剝也，柔變剛也。不利有攸往，小人長也。順而止之，觀象也。君子尚消息盈虛，天行也。（原文）

象曰：山附於地，剝。上以厚下安宅。（原文）

山附於地，因剝落之故，而漸趨於平；則在下者愈厚，居於其上者，宅反愈安。一切於此，順而止之，則本消息盈虛之理，便自有其天行之健。

（一）

初六，剝牀以足，蔑貞凶。（原文）

象曰：剝牀以足，以滅下也。（原文）

此乃基礎之剝落。因下之滅，上亦傾倒。

（二）

六二，剝牀以辨，蔑貞凶。（原文）

象曰：剝牀以辨，未有與也。（原文）

此乃繼續剝來，以至於辨；在基礎之上，更一切未有所與。不能順而止之，故只有凶。

（三）

六三，剝之，無咎。（原文）

象曰：剝之無咎，失上下也。（原文）

若只是「皮膚剝落盡，留取一真實」，則雖失上下，亦復剝之無咎。

（四）

六四，剝牀以膚，凶。（原文）

象曰：剝牀以膚，切近災也。（原文）

此乃未能順而止之，遂致有切膚之剝，切膚之痛，切膚之災，故凶。

（五）

六五，貫魚，以宮人寵，無不利。（原文）

象曰：以宮人寵，終無咎也。（原文）

如魚之貫，順而止之；又「以宮人寵」，一任其柔，則另是一種境界，自無不利。

（六）

上九，碩果不食，君子得輿，小人剝廬。（原文）

象曰：君子得輿，民所載也。小人剝廬，終不可用也。（原文）

因剝之又剝，頓成減之又減。因減之又減，頓成少之又少。因少之又少，頓成簡單化之極致。復因簡單化之極致，而頓成惟精惟一，儘有其純。一有其純，即有其健。一有其健，則碩果不食，而君子以自強不息。由此之故，而君子得輿，為民所載。

第二十六講　復其見天地之心

☷ ☳　復，亨。出入無疾，朋來無咎，反復其道，七日來復，利有攸往。（原文）

象曰：復，亨。剛反，動而以順行，是以出入無疾。朋來無咎，反復其道，七日來復，天行也。利有攸往，剛長也。復其見天地之心乎？（原文）

象曰：雷在地中，復。先王以至日閉關，商旅不行，后不省方。（原文）

復其見天地之心，而回頭轉腦，亦正所以見人心。人的心靈，因剛而反。由是而雷在地中，更所以見精神；由是而出入無疾，更所以見生命；由是而朋來無咎，更所以見性情。性情之道，有天之行，有剛之長，此所以利有攸往。但能至日閉關，靜中養出端倪，即無不亨。

（一）

初九，不遠復，無祇悔，元吉。（原文）

象曰：不遠之復，以修身也。（原文）

復其見天地之心，會當下即是。然復之初，亦
復轉念即乖，故必無祇悔，以修其身，始可言
吉。

（二）

六二，休復，吉。（原文）

象曰：休復之吉，以下仁也。（原文）

復其見天地之心，以使天下歸仁，便自天下之
人，其心休休焉，而天人同慶，萬物同春。

（三）

六三，**頻復，厲，無咎。**（原文）

象曰：**頻復之厲，義無咎也。**（原文）

不斷回頭，不斷轉腦，並不斷以其危懼之情，頻見其天地之心。則義無窮，而人無咎。

（四）

六四，**中行獨復。**（原文）

象曰：**中行獨復，以從道也。**（原文）

中行獨復，而精神獨顯，生命獨露，心靈獨醒，性情獨見，以從其道。則禍福置之度外，得失自有所不計；吉凶置之度外，悔咎自有所不行。

（五）

六五，敦復，無悔。（原文）

象曰：敦復無悔，中以自考也。（原文）

敦復無悔，乃復歸於敦，復歸於厚，由是而精
神有其無形之堅強，生命有其無形之堅固，心
靈有其無形之堅實，性情有其無形之堅貞。中
以自考，只是不屈，只是不破，只是不求，只
是不漏。

（六）

上六，迷復，凶，有災眚，用行師，終有大敗。以其國君凶，至於十年不克征。（原文）

象曰：迷復之凶，反君道也。（原文）

迷復會只是徬徨，徬徨會只是無主，無主會只是繁複，繁複會只是惑亂。於此，不簡單化之極，便必不能復其見天地之心。不能復其見天地之心，亦即無以更見其一己之心，亦即無以更見其一己之性，亦即無以更見其一己之情。由是而陷於物，則精神如痴如呆；由是而化於物，則生命嗒然若喪。此只是反常，故必有災眚。此只是無明，故終有大敗。此只是失道，故「至於十年不克征」。以此而居人之上，則自有其反君道之凶。

第二十七講　天下雷行，物與無妄

☰ ☳ 無妄，元亨，利貞。其匪正有眚。不利有攸往。（原文）

彖曰：無妄，剛自外來，而為主於內，動而健，剛中而應，大亨以正，天之命也。其匪正有眚，不利有攸往。無妄之往，何之矣？天命不祐，行矣哉？（原文）

象曰：天下雷行，物與無妄。先王以茂對時，育萬物。（原文）

其動以天，大亨以正，由是而天下雷行，物與無妄，一切是真真實實，一切是誠誠懇懇，一切是大大方方，一切是朗朗爽爽。由是而茂對天時，則的的確確。由是而撫育萬物，則煦煦和和。剛自外來，即天命之來。剛中而應，即天命之應。有天命之應，即有天命之祐。有天命之祐，即有天命之歸。而天命之歸，則又無非是歸於性情，歸於生命。於此，一失其正面之精神，即「其匪正有眚」。於此，一失其無妄之心靈，即「不利有攸往」。惟有其純，則天高地厚。惟有其一，則天清地寧。心安於天高地厚之中，理得於天清地寧之上，有其真正的存在，即有其真正的無妄。此何可分？

（一）

初九，無妄，往吉。（原文）

象曰：無妄之往，得志也。（原文）

此乃當下是無妄，舉足是無妄。以此，無妄之往，便儘得其志。

（二）

六二，不耕穫，不菑畬，則利有攸往。（原文）

象曰：不耕穫，未富也。（原文）

此亦是「富人要進天國，比駱駝穿過針孔尤難」。於此，便必須有未必為富之心，而確有其無妄之事，始利有攸往。

（三）

六三，無妄之災，或繫之牛，行人之得，邑人之災。（原文）

象曰：行人得牛，邑人災也。（原文）

無妄之災，全在得失之念。一有得失之念，即心分為二。心分為二，即不能復歸於一，復歸於純，復歸於無妄，而為或繫之牛，致成邑人之災。

（四）

九四，可貞，無咎。（原文）

象曰：可貞無咎，固有之也。（原文）

惟有性情之可貞，方有心靈之可見。惟有心靈之可見，方有精神之可顯。惟有精神之可顯，方有生命之可貴。彼生命之可貴，人固有之。

（五）

九五，無妄之疾，勿藥有喜。（原文）

象曰：無妄之藥，不可試也。（原文）

天下雷行，物與無妄。「彼自無創」，自應勿傷。彼本無疾，自應勿藥。一切是勿藥有喜；而無妄之藥，又如何可試？

（六）

上九，無妄，行有眚，無攸利。（原文）

象曰：無妄之行，窮之災也。（原文）

天下雷行，物與無妄。無妄之上，已不可更有所增。於此纔增上，便是人欲；纔放下，便是天理。纔舉足，便是人欲；纔洗手，便是天理。必如是，方可免於窮極之災。

第二十八講　剛健篤實輝光

☳ ☰　大畜，利貞，不家食，吉。利涉大川。
（原文）

彖曰：大畜，剛健篤實輝光，日新其德。剛上而尚賢，能止健，大正也。不家食，吉，養賢也。利涉大川，應乎天也。（原文）

象曰：天在山中，大畜，君子以多識前言往行，以畜其德。（原文）

天在山中，則所畜者為天。於此，便只是剛健，只是篤實，只是輝光。在山則日新其容，在人則日新其德。天高而山益大，山高而水益長。因其大正，而長思賢良；故不家食，而惟天是應。由是而「多識前言往行，以畜其德」，便自為大畜。

（一）

初九，有厲，利已。（原文）

象曰：有厲利已，不犯災也。（原文）

剛健有剛健之厲，篤實有篤實之厲，煇光有煇光之厲。於此有容，便可潤澤。於此能已，便不犯災。

（二）

九二，輿説輹。（原文）

象曰：輿説輹，中無尤也。（原文）

只中無尤，便自剛健。只中無尤，便自篤實。只中無尤，便自煇光。以此而無所用其進取，則如車輿之脱去輪輹。

（三）

九三，良馬逐，利艱貞。日閑輿衞，利有攸
往。（原文）

象曰：利有攸往，上合志也。（原文）

既是上已合志，便自進取無妨。惟良馬之逐，
終利於知其艱難，有其貞固，閑輿方可有其大
行，警衞方可有其大畜。必有其大行大畜，方
可「利有攸往」。

（四）

六四，童牛之牿，元吉。（原文）

象曰：六四元吉，有喜也。（原文）

牛性固頑，然於童牛，即加之牿，則馴牛有利
於天下之耕，畜之自只為蒼生之喜。於人性之
頑，進而為剛健篤實輝光，亦在教之於始，治
之於初，方為元吉。

（五）

六五，**豶豕之牙，吉。**（原文）

象曰：**六五之吉，有慶。**（原文）

豕性至劣，惟能「豶豕之牙」，去其橫猾，則懷之以柔，即舉杯可為天下之慶；畜之以道，既借箸能作天下之謀。於人性之劣，進而為剛健篤實輝光，亦在能棒喝橫施，而又優容涵養，始有其吉。

（六）

上九，**何天之衢，亨。**（原文）

象曰：**何天之衢，道大行也。**（原文）

此乃畜以天下，養以天下，故自亨以天下，行以天下。其通行無阻，實天之衢。

第二十九講　天地養萬物

☲☳ 頤，貞吉，觀頤，自求口實。（原文）

彖曰：頤，貞吉，養正則吉也。觀頤，觀其所養也。自求口實，觀其自養也。天地養萬物，聖人養賢以及萬民，頤之時，大矣哉！（原文）

象曰：山下有雷，頤，君子以慎言語，節飲食。（原文）

天地養萬物，萬物養人，人則養德。而養德之道，既在觀其所養，亦在觀其自養。所養以正，則慎言語，即所以「修辭立其誠」。自養以時，則節飲食，即所以「守先以待後」。山下有雷，即徹上徹下。天下有養，即徹始徹終。

（一）

初九，舍爾靈龜，觀我朵頤，凶。（原文）

象曰：觀我朵頤，亦不足貴也。（原文）

要知飲食之道，亦終不離其性情之道。於此，舍其靈龜之明，而事其朵頤之養，自不足貴，而有其凶。

（二）

六二，顛頤，拂經於丘，頤征凶。（原文）

象曰：六二征凶，行失類也。（原文）

此乃反視性情之道，而只為飲食之道，由是而酒食征逐，拂經於丘，反常不顧，行不類人，故自征凶。

（三）

六三，拂頤，貞凶。十年勿用，無攸利。（原文）

象曰：十年勿用，道大悖也。（原文）

此乃違拂其性情之養，大悖於性情之道，故只有見棄於人，見棄於世。

（四）

六四，顛頤，吉。虎視耽耽，其欲逐逐，無咎。（原文）

象曰：顛頤之吉，上施光也。（原文）

此乃又以飲食之道，實即為性情之道。禪門大德中，有日日只叫「菩薩子吃飯」而成道者。而羅近溪亦直說「誠」與「明」，即在此吃點心之中。性情之光，既照施於其上，則虎視耽耽，其欲逐逐，亦自吉而無咎。

（五）

六五，**拂經居貞**，不可涉大川。（原文）

象曰：**居貞之吉**，順以從上也。（原文）

此雖拂其飲食頤養之常，然仍不失其性情自養之正。其順以從上，固未足以涉艱險。

（六）

上九，**由頤**，**厲**，吉。利涉大川。（原文）

象曰：**由頤**，**厲吉**，大有慶也。（原文）

天下由之以養，天道由之以行。由是而天地養萬物，萬物養人，人養德，會儘有其無窮的嚴肅的意義，會儘有其無窮的危懼的心情，亦會儘有其無窮的頤養的吉慶。

第三十講　遯世無悶

☱☴ 大過，棟橈。利有攸往。亨。（原文）

彖曰：大過，大者過者。棟橈，本末弱也。剛過而中，巽而說行，利有攸往，乃亨。大過之時，大矣哉！（原文）

象曰：澤滅木，大過，君子以獨立不懼，遯世無悶。（原文）

澤滅木，則天下滔滔。此大過之時，正非常之日。以言其本，則「本不植高原」。以言其末，則「末」不在水上。因此而棟橈，故大者實已過。然豈能剛過而不中？便自以巽而能說！由是而獨立不懼，乃利有攸往。由是而遯世無悶，即無非是亨。

（一）

初六，藉用白茅，無咎。（原文）

象曰：藉用白茅，柔在下也。（原文）

澤已滅木，而白茅却儘以其柔，只在其下。如是無悶，便自無咎。

（二）

九二，枯楊生稊，老夫得其女妻，無不利。（原文）

象曰：老夫女妻，過以相與也。（原文）

大過之時，此乃「山窮水盡疑無路，柳暗花明又一村」之境。於此而更有「時人不解余心樂，將謂偷閒學少年」之人，則「過以相與」，即無不利。

（三）

九三，棟橈，凶。（原文）

象曰：棟橈之凶，不可以有輔也。（原文）

此非獨立不懼，而只是逞強。此非遯世無悶，而只是自用。以此而「不可以有輔」，遂至棟橈之凶。

（四）

九四，棟隆，吉。有它吝。（原文）

象曰：棟隆之吉，不橈乎下也。（原文）

此乃獨立不懼，而自可大可隆。以不橈乎下，故吉。然不能無悶，故吝。

（五）

九五，枯楊生華，老婦得其士夫，無咎無譽。
（原文）

象曰：枯楊生華，何可久也？老婦士夫，亦可
醜也。（原文）

僅獨立不懼，以據高位，而枯楊生華，於世無
補，雖能無咎，亦何可久？僅遯世無悶，以求
自了，如老婦之得士夫，非僅無譽，實亦可
醜。

（六）

上六，過涉滅頂，凶。無咎。（原文）

象曰：過涉之凶，不可咎也。（原文）

大過之時，天下滔滔，未能遯世無悶，即可過
涉滅頂。然若能獨立而不懼，則求仁得仁，雖
有其凶，亦不可咎。

第三十一講　天險不可升

☵ ☵ 習坎。有孚，維心亨。行有尚。（原文）

彖曰：習坎，重險也。水流而不盈，行險而不失其信，維心亨，乃以剛中也。行有尚，往有功也。天險不可升也。地險山川丘陵也。王公設險，以守其國，險之時用大矣哉！（原文）

象曰：水洊至，習坎。君子以常德行，習教事。（原文）

惟天險不可升，其他險阻，則行有尚，即往有功，維心亨，即不坎陷。由是而「水流而不盈，行險而不失其信」，則正所以因險而誠其身，設險以守其國。水洊至而險重重，以習坎而行漸漸；彼德行之常，寧非為誠身之要？而教事之習，便自為守國之本。

（一）

初六，習坎，入於坎窞，凶。（原文）

象曰：習坎入坎，失道凶也。（原文）

此乃入於坎窞，而精神透不出，生命透不出，心靈透不出，性情透不出，因無力而失道，故有其凶。

（二）

九二，坎有險，求小得。（原文）

象曰：求小得，未出中也。（原文）

坎有險，而猶能求小得，則皆由仍有其精神，仍有其生命，仍有其心靈，而未出於性情之中。

（三）

六三，來之坎坎，險且枕，入於坎窞，勿用。
（原文）

象曰：來之坎坎，終無功也。（原文）

於此，精神未能接上精神，生命未能接上生
命，心靈未能接上心靈，性情未能接上性情，
則一切未能念念相續，便即來之坎坎，而終無
功。

（四）

六四，樽酒，簋貳，用缶。納約自牖，終無
咎。（原文）

象曰：樽酒簋貳，剛柔際也。（原文）

一樽之酒，與夫二簋之食，瓦缶之器，此乃生
活歸於簡單化之極致。有此簡單化之極致，即
有其純一化之極致。有其純一化之極致，即有
其光明通達之極致。以此納約，以面對一切之
險難，便只見天地寬。以此自牖，以開啟一切
之光明，便只見剛柔際。

（五）

九五，坎不盈。祇既平，無咎。（原文）

象曰：坎不盈，中未大也。（原文）

天險不可升，坎陷不可盈，以此而法力不可思
議，業力亦不可思議。聖人於此有憂，而人人
則於此有咎。祇有一切既平，便自其中可大，
而能無咎。

（六）

上六，係用徽纆，寘於叢棘，三歲不得，凶。
（原文）

象曰：上六失道，凶三歲也。（原文）

係用徽纆，方知坎陷；寘於叢棘，方知險難；
三歲不得，方知憂患。於此而失其性情之教，
失其憂患之道，即枉獲三歲之凶。

第三十二講　日月麗乎天

☲☲ 離，利貞，亨。畜牝牛，吉。（原文）

彖曰：離，麗也。日月麗乎天，百穀草木麗乎土，重明以麗乎正，乃化成天下。柔麗乎中正，故亨。是以畜牝牛吉也。（原文）

象曰：明兩作，離，大人以繼明照於四方。（原文）

纔離乎坎，便即是平。纔離乎暗，便即是明。由是而一理平鋪，光明普照，一切有其平等相，一切有其光明相，便無非是麗。日月麗乎天，則日月兩輪，皆為天地之眼。百穀草木麗乎土，則一草一木，同見天地之心。有天地之眼，便即重明以麗乎正。有天地之心，便即繼明照於四方。畜牝牛，而柔麗乎中正；明兩作，而心存乎真常。以此而離，實即歸於無限，歸於永恆，歸於不朽。

（一）

初九，履錯然，敬之，無咎。（原文）

象曰：履錯之敬，以辟咎也。（原文）

當第一線光明，到來眼前時，又當第一線光明，到來足底時，則履錯然，而心慄然。於此致其衷心之敬謹之情，即所以辟咎，而可無咎。

（二）

六二，黃離元吉。（原文）

象曰：黃離元吉，得中道也。（原文）

此乃人類中第一次黃金時代之來臨，此亦宇宙間第一次黃金時代之初到。於此，一切有其安排，一切有其安頓，一切有其安適，一切有其安穩。而聖人於此，則文思安安。由是而文明中正之世界，又於人類中，於宇宙內，第一次獲得完成。有金黃色的光芒，麗於中天；便即有真性情之教化，得其中道。

（三）

九三，日昃之離，不鼓缶而歌，則大耋之嗟，凶。（原文）

象曰：日昃之離，何可久也？（原文）

此乃是「夕陽無限好，只是近黃昏」。於此，若「不鼓缶而歌」，以思來者；便即有「大耋之嗟」，而難對古人。

（四）

九四，突如其來如，焚如，死如，棄如。（原文）

象曰：突如其來如，無所容也。（原文）

在一光明轉折之世，在一歷史曲折之時，一切會是突如其來，一切會是突變。於此，若不能安常，而只以變處變，更從而求其不斷之突變，則一切的傳統，即皆無所容，而舉世遂焚如，死如，棄如！

（五）

六五，出涕沱若，戚嗟若。吉。（原文）

象曰：六五之吉，離王公也。（原文）

在一光明轉折之世，在一歷史曲折之時，能有其燭照悲劇之智慧，而「出涕沱若，戚嗟若」，則日月又即麗乎天，一切又即在其位。

（六）

上九，王用出征，有嘉。折首，獲匪其醜，無咎。（原文）

象曰：王用出征，以正邦也。（原文）

一大人類歷史悲劇之造成，固皆由於醜類。惟醜類之中，必有其首；能折其首，以正於法，而獲匪其醜，則醜亦終將為麗。如是以正邦家，便自日月重麗乎天，而性情重顯乎世。

第三十三講　天地萬物之情

☷☶ 咸，亨。利貞，取女吉。（原文）

彖曰：咸，感也。柔上而剛下，二氣感應以相與，止而説。男下女，是以亨，利貞，取女吉也。天地感，而萬物化生；聖人感人心，而天下和平。觀其所感，而天地萬物之情，可見矣。（原文）

象曰：山上有澤，咸，君子以虛受人。（原文）

一切咸宜，便一切相應；一切相應，便一切交感；一切交感，便一切和平。由是而相與以止，則止而説；由是而相與以貞，則取女吉。由是而相與以生，則生生不已。由是而相與以化，則化化無窮。天地萬物之情，於此可見，則君子以虛受人之意，亦於此可知。山上有澤，其水深深；天臨其間，日月如洗。

（一）

九五，咸其脢，無悔。（原文）

象曰：咸其脢，志末也。（原文）

纔感即應，纔應即通。此則惟心為然，而咸其脢，則失其靈。一失其靈，則所志為末，只能無悔。

（二）

上六，咸其輔頰舌。（原文）

象曰：咸其輔頰舌，滕口說也。（原文）

讓一切如一陣風吹來，又讓一切如一陣風吹去，以只咸其輔頰舌，而滕為口說，則天地萬物之情，亦即因此口說，而蹈入於一大虛空。

第三十四講　雷風相與

☲☷　☰☷　恆，亨，無咎。利貞。利有攸往。
（原文）

彖曰：恆，久也。剛上而柔下，雷風相與，巽
而動，剛柔皆應，恆。恆亨，無咎，利貞，久
於其道也。天地之道，恆久而不已也。利有攸
往，終則有始也。日月得天，而能久照；四時
變化，而能久成；聖人久於其道，而天下化成。
觀其所恆，而天地萬物之情，可見矣。（原文）

象曰：雷風，恆。君子以立不易方。（原文）

雷風相與，變不失常。剛柔皆應，雜而成純。
由是而「巽而動」，自貞夫一。由是而久於
道，自有其恆。必有其常，始有其恆，此所以
「日月得天，而能久照」。必有其純，始有其
恆，此所以「四時變化，而能久成」。必有其
一，始有其恆，此所以「聖人久於其道，而天
下化成」。既彼天地之道，恆久不已；便自君
子之德，立不易方。

（一）

初六，浚恆，貞凶，無攸利。（原文）

象曰：浚恆之凶，始求深也。（原文）

雖有其常，雖有其純，雖有其一，然不能把一切放得平平，而一開始，就求浚之深，又執之固，則即常不能安，純不能守，一不能久，而無攸利，並有其凶。

（二）

九二，悔亡。（原文）

象曰：九二悔亡，能久中也。（原文）

能恆久於其性情之中，便即悔亡於其常，悔亡於其純，悔亡於其一。

（三）

九三，不恆其德，或承之羞，貞吝。（原文）

象曰：不恆其德，無所容也。（原文）

不恆其性情之德，則一失其情，一失其性，即無所容於天地之間，而或承之羞。

（四）

九四，田無禽。（原文）

象曰：久非其位，安得禽也？（原文）

無其變化裏的「常」，無其複雜裏的「純」，無其繁多裏的「一」，則生命之所居者，既久非其位；而精神之所求者，即安得禽？由是而心靈空虛，性情亦失。

（五）

六五，恆其德，貞。婦人吉，夫子凶。（原文）

象曰：婦人貞吉，從一而終也。夫子制義，從婦凶也。（原文）

此乃枯守其常，枯守其純，枯守其一，以從一而終。由此而恆其德貞，為吉為凶，則因人而異。

（六）

上六，振恆，凶。（原文）

象曰：振恆在上，大無功也。（原文）

此乃恆於其變，恆於其雜，恆於其多，以振動乎上。由此而失其雷風之相與，故大無功。

第三十五講　在天之側

☰ ☶ 遯，亨。小利貞。（原文）

彖曰：遯，亨。遯而亨也。剛當位而應，與時行也。小利貞，浸而長也。遯之時義，大矣哉！（原文）

象曰：天下有山，遯，君子以遠小人，不惡而嚴。（原文）

天下有山，在天之側，由是而退出一步，自別有地天。既遠小人，更重開世界；不惡而嚴，又何來試探？故遯而亨。於此有無比的堅貞，又有無窮的呼應，故剛當位而應。彼小人固浸而長，惟君子則自與時行。

（一）

初六，遯尾厲。勿用有攸往。（原文）

象曰：遯尾之厲，不往何災也。（原文）

先遯為上。處微，處「初」而遯，乃遯之尾。此則必須有其不斷之警惕與危懼。其不隨人往，又有何災？

（二）

六二，執之用黃牛之革，莫之勝説。（原文）

象曰：執用黃牛，固志也。（原文）

此乃此心之不可回，故執之用黃牛之革，而志益堅，莫之勝説。若遯志不堅，又何能固守？

（三）

九三；係遯，有疾厲，畜臣妾，吉。（原文）

象曰：係遯之厲，有疾憊也。畜臣妾吉，不可大事也。（原文）

人世之遯，自有其無窮之牽連，是以眾生有疾，我亦有疾。以其疾憊，與人周旋，實乃隨波逐浪，而非截斷眾流，故「不可大事」。

（四）

九四，好遯，君子吉，小人否。（原文）

象曰：君子好遯，小人否也。（原文）

在天之側，便自內重而外輕，於此而儘有其自得之處，儘有其自樂之方，則即為君子好遯之吉。小人於此，內輕而外重，在天之側，只是空空，只是悶悶，心有所不舍，情有所不忘，此所以為否。

（五）

九五，嘉遯，貞吉。（原文）

象曰：嘉遯，貞吉，以正志也。（原文）

能確乎在天之中，而嘉遯於天之側，以正天下
之志，以振一世之心。其合乎性情之貞，便自
為生民之吉。

（六）

上九，肥遯，無不利。（原文）

象曰：肥遯無不利，無所疑也。（原文）

在天之下，朗朗爽爽；在天之中，朗朗爽爽；
在天之側，朗朗爽爽。無一點沾滯，無一點牽
罣，無一點疑情。當遯即遯，其以遯為上，自
以遯為肥。

第三十六講　在天之上

☳ ☰　大壯，利貞。（原文）

彖曰：大壯，大者壯也。剛以動，故壯。大壯利貞，大者正也。正大而天地之情，可見矣。（原文）

象曰：雷在天上，大壯，君子以非禮弗履。（原文）

在天之上，而有其雷，則以其壯，即有其大；以其大，即有其正；以其正，即有其禮；而「非禮弗履」，而剛以動，並由是而見天地之情。

（一）

初九，壯於趾，征凶，有孚。（原文）

象曰：壯於趾，其孚窮也。（原文）

此只是有其初步之壯，此只是有其舉足之壯，由是而步步前往，舉足不停，便即一鼓作氣，再而衰，三而竭，終則必至於凶，而只孚其窮困。

（二）

九二，貞吉。（原文）

象曰：九二貞吉以中也。（原文）

在天之上，而居其中；在天之中，而居其下；在天之下，而居其貞；便自以中而貞，以貞而吉。

（三）

九三，小人用壯，君子用罔，貞厲，羝羊觸藩，羸其角。（原文）

象曰：小人用壯，君子罔也。（原文）

小人用壯以自進，此乃以壯為壯。君子用罔以自限，此乃以罔為壯。以壯為壯，只憑其力，即終須觸藩；以罔為壯，儘有其剛，故只是無畏。

（四）

九四，貞吉，悔亡。藩決不羸，壯於大輿之輹。（原文）

象曰：藩決不羸，尚往也。（原文）

此乃是真力內充，而有其壯。此正如在天之上，而有其雷。因壯而大，因大而貞，因貞而吉，因吉而悔亡。由是而尚往，則藩決而不羸；其壯於大輿之輹，則正為行所無事。

（五）

六五，喪羊於易，無悔。（原文）

象曰：喪羊於易，位不當也。（原文）

大壯之世，雷在天上；而一己則熙熙和易，自喪其羊。居之以柔，雖是不當；但總無悔，並免於難。

（六）

上六，羝羊觸藩，不能退，不能遂，無攸利，艱則吉。（原文）

象曰：不能退，不能遂，不詳也。艱則吉，咎不長也。（原文）

在天之上，能有其雷，則雷行無阻，可以發，可以收。在天之下，僅有其羊，則羝羊觸藩，不能退，不能遂。以此之故，天地無憂於大壯，而聖人則有憂於頑強。彼頑強於外，實「無攸利」。然若自強於中，即「艱則吉」。

第三十七講　順而麗乎大明

☵ ☷ 晉，康侯用錫馬蕃庶，晝日三接。
（原文）

象曰：晉，進也。明出地上，順而麗乎大明，
柔進而上行，是以康侯用錫馬蕃庶，晝日三接
也。（原文）

象曰：明出地上，晉，君子以自昭明德。（原文）

在地之上，有光明之出，即有光明之升；有光
明之升，即有光明之晉；有光明之晉，即有光
明之盛。由是而光明徹於下，光明徹於上，
光明徹於內，光明徹於外。此乃光明之由下
而起，而非光明之從上而來。此乃光明之自內
而發，而非光明之從外而來。順其光明之由下
而上，則「順而麗乎大明」。本其光明之自內
而外，則本以「自昭明德」。於此，會有其無
限的親和，是以在光明之中，「晝日三接」。
於此，會有其無窮的恩寵，是以在光明之下，
「錫馬蕃庶」。

（一）

初六，晉如摧如，貞吉。罔孚，裕，無咎。
（原文）

象曰：晉如摧如，獨行正也。裕無咎，未受命
也。（原文）

光明之初出，一起，一切起，是以其起晉如。
光明之初升，一順，一切順，是以其順摧如。
於此覿體承當，獨行其正，雖初有所未孚於
人，然終於己裕而無咎。

（二）

六二，晉如愁如，貞吉。受茲介福，於其王
母。（原文）

象曰：受茲介福，以中正也。（原文）

此乃光明之續出，此乃光明之繼起，此雖仍順
其無窮無盡之光芒，以繼起晉如；然此乃光明
之再升，此乃光明之再晉，亦終有其無窮無

盡的憂患，而終古愁如。由是而有光明之凝聚，由是而有光明之收斂；亦由是而有光明之透徹，由是而有光明之貞吉。光明不離其中，光明不離其正，光明不離其母，便自「受茲介福，於其王母」。

（三）

六三，眾允，悔亡。（原文）

象曰：眾允之志，上行也。（原文）

此乃「順而麗乎大明」，是以行而獲乎眾允。由此同上，便自悔亡。

（四）

九四，晉如鼫鼠，貞厲。（原文）

象曰，鼫鼠貞厲，位不當也。（原文）

此雖有其光明之追求，惟終於是暗中的摸索。是以晉如鼫鼠，所處不當，貞亦為厲。

（五）

六五，悔亡，失得勿恤，往吉，無不利。（原文）

象曰：失得勿恤，往有慶也。（原文）

此乃「順而麗乎大明」，更行而「自照明德」。是以失得勿滯乎胸中，賢愚皆予以安頓。由此以往，天下同慶；隨處是吉，自無不利。

（六）

上九，晉其角，維用伐邑，厲，吉無咎。貞吝。（原文）

象曰：維用伐邑，道未光也。（原文）

此乃光明之極度，遂反有其光明之陰影。由是而光明晉於一角，一切淪於一端；若無其不斷之回頭，便即有其繼續之征伐。於此而更有其光明之危懼，更有其光明之警惕。道之未光，惟有戒慎恐懼於中，始能存其吉慶於世。惟有存其吉慶於世，始能免其咎戾於心。僅自有其性情之貞，究仍為斯道之吝。

第三十八講　用晦而明

☷ ☲ 明夷，利艱貞。（原文）

彖曰：明入地中，明夷。內文明而外柔順，以蒙大難，文王以之。利艱貞，晦其明也。內難而能正其志，箕子以之。（原文）

象曰：明入地中，明夷，君子以莅眾，用晦而明。（原文）

明入地中，則土的氣息，便即為光明之氣息。於此，由土而安，以「安土敦乎仁故能愛」；便即用晦而明，以「樂天知命故不憂」。因整個光明之退藏，是以「內文明而外柔順」。因一片清明之在躬，是以「內難而能正其志」。既利艱貞以土的氣息，斯晦其明以同乎古人。

（一）

初九，明夷於飛，垂其翼。君子於行，三日不食，有攸往，主人有言。（原文）

象曰：君子於行，義不食也。（原文）

光明傷於飛動，則垂其翼，即斂其毛羽；義不食，即餓其體膚；有攸往，即不顧非笑。

（二）

六二，明夷，夷於左股，用拯馬壯吉。（原文）

象曰：六二之吉，順以則也。（原文）

明夷既已夷於左股，則任其傷殘，即順以則；用晦而明，拯馬猶壯。是以仍有其吉。

（三）

九三，明夷於南狩，得其大首，不可疾，貞。
（原文）

象曰：南狩之志，乃大得也。（原文）

此乃光明之傷於征討。由南狩而除其光明之禍
害，以得其大首；便亦由南狩而見其光明之心
志，以獲其小休。此「不可疾」，惟在其貞。

（四）

六四，入於左腹，獲明夷之心，於出門庭。
（原文）

象曰：入於左腹，獲心意也。（原文）

有用晦而明之行，方可有左腹直入之事。有左
腹直入之事，方可有明夷深悉之心。於出門
庭，盡是泥土；若有其氣息，即獲其心意。

（五）

六五，箕子之明夷，利貞。（原文）

象曰：箕子之貞，明不可息也。（原文）

此乃光明之傷於極度之憂患，又由極度之憂
患，而有其光明之不息。此無非是精神之強，
此無非是生命之力，此無非是心靈之火，此無
非是性情之貞。此所以光不可息，此所以明不
可息。

（六）

上六，不明，晦，初登於天，後入於地。（原文）

象曰：初登於天，照四國也。後入於地，失則
也。（原文）

此乃光明之傷於無明，是以不明而晦。初登於
天，光明之至；後入於地，無明之極。然於
此，終有其本心之明，爭奈已失其光明之則？
若不失則，重照四國；用晦而明，「自照明
德」。

第三十九講　正家而天下定

☰ ☲ 家人，利女貞。（原文）

彖曰：家人，女正位乎內，男正位乎外，男女正，天地之大義也。家人有嚴君焉，父母之謂也。父父，子子，兄兄，弟弟，夫夫，婦婦，而家道正。正家而天下定矣。（原文）

象曰：風自火出，家人，君子以言有物，而行有恆。（原文）

風自火出，則由清涼而頓成溫暖，由是而物物既為一體之物，人人則更為一家之人。「女正位乎內」，則一切的溫暖，於焉內在。「男正位乎外」，則一切的溫暖，於是外流。流而為天地之大和，便即為「天地之大義」。由是而父父，則父有其溫暖之義；由是而子子，則子有其溫暖之義；由是而兄兄，則兄有其溫暖之義；由是而弟弟，則弟有其溫暖之義；由是而夫夫，則夫有其溫暖之義；由是而婦婦，則婦有其溫暖之義。有其溫暖之全，即有其家道之正。有其家道之正，即有其天下之寧。是以正家而天下定。言有物，則言有其定。行有恆，則行有其定。有其定，即有其常。有其常，即有其道。

（一）

初九，閑有家，悔亡。（原文）

象曰：閑有家，志未變也。（原文）

讓有其室，以作其一己的堡壘；讓有其家，以作其一己的防閑；則一切的紛華雖在，而此心不移；一切的罪惡雖存，而此「志未變」，便自悔亡。

（二）

六二，無攸遂，在中饋，貞吉。（原文）

象曰：六二之吉，順以巽也。（原文）

「無攸遂」，居家自只是居家。「在中饋」，飲食豈只是飲食？由是而順以巽，便一切是性情作主，並儘有其性情之貞，以獲其吉。

（三）

九三，家人嗃嗃，悔厲吉。婦子嘻嘻，終吝。（原文）

象曰：家人嗃嗃，未失也。婦子嘻嘻，失家節也。（原文）

家人嗃嗃，未失其溫暖，則浪子由悔而回頭，狂夫由厲而轉念，便自有其吉。

婦子嘻嘻，而失其家節，則稚子由無教而無行，婦人由無職而無事，便終有其吝。

（四）

六四，富家，大吉。（原文）

象曰：富家大吉，順在位也。（原文）

此乃正家而天下定，是以富家而天下慶。風自火出，既一切歸於溫暖；而家之富，因「富而好禮」，則更富於溫暖，此所以為天下慶。且以好禮，而順於天下，是以「素富貴，行乎富貴」，而為大吉。

（五）

九五，王假有家，勿恤，吉。（原文）

象曰：王假有家，交相愛也。（原文）

王而至於有家，便即以天下為一家。由是而更
以中國為一人，則父父，子子，兄兄，弟弟，
夫夫，婦婦，固是交相愛；而人人，物物，上
上，下下，前前，後後，亦無不是交相愛。是
以性情更加上性情，溫暖更加上溫暖，全不費
力，而天下定；無須憂勞，而天下治。

（六）

上九，有孚，威如，終吉。（原文）

象曰：威如之吉，反身之謂也。（原文）

於此，有孚於家，即有孚於天，是以有其天道
之莊嚴，即有其家道之莊嚴。一切反之於身，
一切求之於己，則抬頭是天，「回頭是父」，
便自終吉。

第四十講　以同而異

☲ ☱ 睽，小事吉。（原文）

彖曰：睽，火動而上，澤動而下。二女同居，其志不同。説而麗乎明，柔進而上行，得中而應乎剛，是以小事吉。天地睽，而其事同也。男女睽，而其志通也。萬物睽，而其事類也。睽之時用，大矣哉！（原文）

象曰：上火下澤，睽，君子以同而異。（原文）

上火下澤，炎者自炎，涼者自涼，而有其性情之貞者，則儘可通炎涼而為一，火不能熱，澤不能寒。祇以同乎性情，始異其行止。本此以言天地之睽，而究其事，實同乎道。本此以言男女之睽，而究其志，實通乎仁。本此以言萬物之睽，而究其事，實類乎一。是以一切的分殊；實非分殊，一切的對立，更非對立；一切的矛盾，尤非矛盾。而一切的齊同，亦只是大同；一切的諧和，亦只是太和；一切的一體，亦只是大體。火動自然而上，澤動自然而下，如是徹上徹下，則更「説而麗乎明」。只因以同而異，故柔自進，剛自應，雖睽而小事亦吉。

（一）

初九，悔亡，喪馬勿逐，自復。見惡人，無咎。（原文）

象曰：見惡人，以辟咎也。（原文）

既以同而異，便自當下悔亡。既以同而異，則喪馬勿逐，亦何異於當下自復？既以同而異，則見惡人，雖所以辟咎，然又何咎？是以當下無咎。

（二）

九二，遇主於巷，無咎。（原文）

象曰：遇主於巷，未失道也。（原文）

睽違之世，未失其道，則狹路相逢，斷非仇寇。由是而繼之以「遇主於巷」，自必無咎。

（三）

六三，見輿曳，其牛掣，其人天且劓，無初有終。（原文）

象曰：見輿曳，位不當也。無初有終，遇剛也。（原文）

一切睽違，載非所載，行非所行，位非所位。只因載非其所載，故見輿曳。只因行非其所行，故其牛掣。只因位非其所位，故其人天且劓。惟既以同而異，便亦無初有終，而有其遇。

（四）

九四，睽孤，遇元夫，交孚，厲，無咎。（原文）

象曰：交孚無咎，志行也。（原文）

此乃世界違我，我亦違世，是以睽孤。然能一心向道，不失其初志，不負其初心，則遇元夫，亦自交孚。惟無窮之警惕，無盡之危懼，亦自然而有。只有此心之遂，此志之行，方是無咎。

（五）

六五，**悔亡，厥宗噬膚，往，何咎？**（原文）

象曰：**厥宗噬膚，往有慶也。**（原文）

既已與世相睽違，然能以同而異，又復何悔？雖厥宗之噬膚，但秉其孤明，柔以前往，則有其慶，又何咎之可言？

（六）

上九，**睽孤，見豕負塗，載鬼一車，先張之弧，後說之弧，匪寇婚媾，往，遇雨則吉。**（原文）

象曰：**遇雨之吉，羣疑亡也。**（原文）

因睽而孤，復因孤而益睽。由是而睽違至極點，亦復孤伶至極點。當睽違至極點時，便只剩此情之惡劣，而「見豕負塗」。當孤伶至極點時，便只剩此心之狐疑，而「載鬼一車」。然轉念知非，此情復好，以同而異，此心又孚。疑雲因一雨而消，匪寇而婚媾可吉。待雨過而天青，自相抱以痛哭。

第四十一講　見險而能止

☵ ☶　蹇，利西南，不利東北。利見大人，貞吉。（原文）

彖曰：蹇，難也，險在前也。見險而能止，知矣哉！蹇利西南，往得中也。不利東北，其道窮也。利見大人，往有功也。當位貞吉，以正邦也。蹇之時用大矣哉！（原文）

象曰：山上有水，蹇，君子以反身修德。（原文）

洪水橫流，山上有水，此蹇難之世，自只有「見險而能止」，「以反身修德」。必修其德，方可往得中，以免道窮。必反其身，方可往有功，以正邦國。

（一）

初六，往蹇，來譽。（原文）

象曰：往蹇來譽，宜待也。（原文）

在蹇難之初，總要一己先停息下來，總要一己先「能止」起來，則一己不向「一切」那裏去，便即「一切」會向一己這裏來。若不能停，若不能止，若不能待，則向一切那裏去，便一切是蹇。反之，則一切是譽，是以「往蹇來譽」。

（二）

六二，王臣蹇蹇，匪躬之故。（原文）

象曰：王臣蹇蹇，終無尤也。（原文）

此乃肩負起一切的苦難，面對著一切的險阻，而全非軀殼起念，是以上無所求，下無所責，初無所怨，終無所尤。

（三）

九三，往蹇來反。（原文）

象曰：往蹇來反，內喜之也。（原文）

往則為蹇難，來則反其初；當下是主，自有其衷心之喜悅。

（四）

六四，往蹇來連。（原文）

象曰：往蹇來連，當位實也。（原文）

往既與蹇難俱往，來亦連蹇難俱來。此固無由瞻其前，然亦斷難顧其後。惟當下有其中心之自固，便即當下有其所處之真實。此所以「見險而能止」。

（五）

九五，大蹇朋來。（原文）

象曰：大蹇朋來，以中節也。（原文）

「見險而能止」，然仍居大蹇之中。惟能自作主宰，則即「堂堂巍巍，壁立千仞，心地自爾和平」。由是更發而中節，便自只見從容，以來天下之士，而友四海之人。

（六）

上六，往蹇來碩，吉，利見大人。（原文）

象曰：往蹇來碩，志在內也。利見大人，以從貴也。（原文）

往蹇來碩，則「昨夜窗前見明月，曉來不是日頭紅。」有志在內，便自來即「來日方長」；見險能止，便自往即「往增其蹇」。蹇終則吉，所貴在道。

第四十二講　天地解而雷雨作

☳☵ ☵☳ 解，利西南。無所往，其來復吉，有攸往。夙吉。（原文）

彖曰：解，險以動，動而免乎險，解。解利西南，往得眾也。其來復吉，乃得中也。有攸往，夙吉，往有功也。天地解，而雷雨作；雷雨作，而百果草木皆甲坼。解之時，大矣哉。（原文）

象曰：雷雨作，解，君子以赦過宥罪。（原文）

天地閉，則一切乾枯；一切乾枯，則一切麻木；一切麻木，則一切僵化。由是而求陶醉，則愈陶醉，愈乾枯。由是而求刺激，則愈刺激，愈麻木。由是而求輕鬆，則愈輕鬆，愈僵化。僵化之極，便只有橫決。

天地解，則一切寬和；一切寬和，則一切澤潤；一切澤潤，則一切交融。由是以事融洽，則愈寬和。由是以事作育，則愈澤潤。由是以事教化，則愈交融。交融之至，便即化行而雷雨作。

雷雨既作，則昔日之險，因動而夷，是以動而免乎險。雷雨既作，則昔日之塞，解利西南，是以往而得乎眾。雷雨既作，則昔日之閉，其來復吉，是以「百果草木皆甲坼」。雷雨既作，則昔日之凶，已成夙吉，是以君子赦過宥罪。一作一切作，一解一切解。

（一）

初六，無咎。（原文）

象曰：剛柔之際，義無咎也。（原文）

此只是放開一步，但已儘有其第一步之寬和。此只是解開一著，但已儘有其第一著之無咎。此在剛柔之際，固屬理應如斯，義應如此。

（二）

九二，田獲三狐，得黃矢，貞吉。（原文）

象曰：九二貞吉，得中道也。（原文）

雷雨既作，而挺立其間，秉乎中道，便自一切無所遁其形，是以有三狐之獲。

雷雨既作，而挺立其下，應乎上蒼，便自一切無所施其技，是以有黃矢之得。

（三）

六三，負且乘，致寇至，貞吝。（原文）

象曰：負且乘，亦可醜也。自我致戎，又誰咎也？（原文）

天地解，而負者不解，且從而乘之。便自雷雨作，致寇者亦至，即從而盜之。一切包包紮紮，儘是可醜。一切敞開來，方不致戎。

（四）

九四，**解而拇，朋至斯孚。**（原文）

象曰：**解而拇，未當位也。**（原文）

在解之時，總要斬斷一切的糾纏，是以解而拇。在解之時，總要有其真正的契合，是以朋至斯孚。而未當其位，即難有其孚。

（五）

六五，**君子維有解，吉。有孚於小人。**（原文）

象曰：**君子有解，小人退也。**（原文）

天地解，是以君子維有解，此乃「維天之命，於穆不已」。雷雨作，是以小人亦有孚，此乃「天地變化，草木繁昌」。於此，君子只是有解，小人只是退藏。

（六）

上六，公用射隼於高墉之上，獲之，無不利。
（原文）

象曰：公用射隼，以解悖也。（原文）

此最後之解，亦至高之解。最後之解，惟在解
惑。至高之解，惟在解悖。藏器在身而用射，
待時而動以獲隼，則惑至亦解，悖至亦解。

第四十三講　損而有孚

☲ ☶　損，有孚。元吉。無咎，可貞。利有攸往。曷之用？二簋可用享。（原文）

象曰：損，損下益上，其道上行。損而有孚，元吉。無咎，可貞。利有攸往。曷之用？二簋可用享！二簋應有時，損剛益柔有時。損益盈虛，與時偕行。（原文）

象曰：山下有澤，損，君子以懲忿窒欲。（原文）

舉凡你所有的，會都是不必有的。舉凡你所要的，會都是不必要的。由是而把一切減少一點，總會好一點。由是而把一切剝落一些，就會好一些。剝落又剝落，則「皮膚剝落盡，留取一真實」。減少又減少，則毛病減少盡，終有一「完成」。是以損而有孚，二簋可用於享祭；山下有澤，其道儘足以上行。雖損益盈虛之有時，終懲忿窒欲之毋懈。

（一）

初九，已事遄往，無咎。酌損之。（原文）

象曰：已事遄往，尚合志也。（原文）

已事遄往，過而不留。只守其約，便自無咎。然於此更進而思有補於世，尚合於志，則仍有其約之又約之道，此必酌損之而後可。

（二）

九二，利貞，征凶，弗損，益之。（原文）

象曰：九二利貞，中以為志也。（原文）

損而有孚於中，則即「中以為志」。由是而中以自守，能利其一己之正，自不必有任何之屈從於人，而只應增益其一己之精神的強度，與夫生命之力。

（三）

六三，三人行，則損一人。一人行，則得其友。
（原文）

象曰：一人行，三則疑也。（原文）

當損之世，只有少數是對的，只有簡單化是對
的，只有獨往獨來是對的。一人獨行，雖損而
有孚於己。有孚於己，即無待於人，而真得其
友。反之， 三人行而有待於人，則必於己未
孚，而反損其人。

（四）

六四，損其疾，使遄有喜，無咎。（原文）

象曰：損其疾，亦可喜也。（原文）

減損其一己之疾，即所以減損天下之疾。而減
損天下之疾，亦即所以減損其一己之疾，惟若
僅損其疾，而能速去；便亦可喜，而告無咎。

（五）

六五，或益之，十朋之龜，弗克違，元吉。
（原文）

象曰：六五元吉，自上祐也。（原文）

有一己之或損之，即有天下之或益之。而當其損以一己，而益以天下之際，便即「十朋之龜」，亦「弗克違」。由是而真獲上蒼之祐，自爾元吉。

（六）

上九，弗損，益之。無咎，貞吉。利有攸往。得臣無家。（原文）

象曰：弗損益之，大得志也。（原文）

損而有孚，實則非損；損之已極，原為益之。是以有其志之大得，即無損益之可言。能本其性情以行事，則得道而人人助我，無家而四海為家。

第四十四講　其益無方

☰☷ 益，利有攸往，利涉大川。（原文）

彖曰：益，損上益下，民説無疆。自上下下，其道大光。利有攸往，中正有慶。利涉大川，木道乃行。益動而巽，日進無疆。天施地生，其益無方。凡益之道，與時偕行。（原文）

象曰：風雷，益，君子以見善則遷，有過則改。（原文）

如風之來，見善則遷，由是而一切善意相向，善與人同。既取人以為善，復與人以為善，是以其益無方。

如雷之作，有過則改，由是而一切新其面目，新其精神。既天施其光明，復地生其恩澤，是以其益無方。

舉凡生命之道，都是益道，是以「損上益下，民説無疆」。舉凡性情之道，都是益道，是以「自上下下，其道大光」。舉凡田園之道，都是益道，是以「利有攸往，中正有慶」。舉凡

農林之道，都是益道，是以「利涉大川，木道乃行」。由是而一切歸於心靈，能自超越，並特富其精神性。此所以「益，動而巽，日進無疆」。由是而更一切歸於無限，有其永恆，並特富其簡易性。此所以「凡益之道，與時偕行」。

（一）

初九，利用為大作，元吉，無咎。（原文）

象曰：元吉無咎，下不厚事也。（原文）

當下之益，原可利用之，以為大作，而有其吉。惟於其初起，即厚事其事，終只能求其無咎。於此，即當有為之時，亦須以收斂為主；一切的發散，固皆屬於不得已之事。

（二）

六二，或益之，十朋之龜，弗克違，永貞吉，王用享於帝，吉。（原文）

象曰：或益之，自外來也。（原文）

有天下之或益之，終是益自外來。於此而中心不為其所動，視天下之益己，於己無所增，無所益，雖「十朋之龜」亦「弗克違」，是以永有其性情之貞，方為其生命之吉，而可面對一切，仰對上蒼。

（三）

六三，益之，用凶事，無咎，有孚中行，告公用圭。（原文）

象曰：益用凶事，固有之也。（原文）

益之於一己短暫之身，用之於拯救凶危之事，雖其益無方，然亦只能無咎。必須如此，方有孚於一己之生命，而任其一己，由性情中行。生命為固有，使命亦為固有。以其固有之生命，擔負其固有之使命，以面對天下，正對蒼生，便自「告公用圭」。

（四）

六四，中行，告公從。利用為依遷國。（原文）

象曰：告公從，以益志也。（原文）

「凡益之道，與時偕行」，固皆為性情中事。是以由性情中行，則天下亦即以其性情相從。此乃性情有益於性情，正可相依以益其志，而遷一國之政，成一國之風。

（五）

九五，有孚，惠心。勿問元吉。有孚，惠我德。（原文）

象曰：有孚惠心，勿問之矣。惠我德，大得志也。（原文）

真有孚於一己之生命，即嘉惠於彼一世之人心，是以勿問元吉，儘可勿問。真有孚於一己之性情，即嘉惠於我天地之大德，是以其益無方，能大得志。

（六）

上九，莫益之，或擊之，立心勿恆，凶。（原文）

象曰：莫益之，偏辭也，或擊之，自外來也。
（原文）

惟性情之中，有好惡之正；惟好惡之正，有立心之恆。而惟立心之恆，方有其益之無方。有「莫益之」之益，亦有「或擊之」之益。彼本無疾，自應勿藥，故莫益之。彼本自醉，宣暫臥倒，故或擊之。其莫益之，固是偏辭。然或擊之，乃自外來。此如何可以有害於正，有動於中？惟處益之極，既莫益之，又或擊之，則性情失中，即好惡不正；好惡不正，即立心勿恆；立心勿恆，即有其凶。

第四十五講　澤上於天

☱ ☰ 夬，揚於王庭，孚號有厲。告自邑，不利即戎，利有攸往。（原文）

彖曰：夬，決也，剛決柔也。健而說，決而和。揚於王庭，柔乘五剛也。孚號有厲，其危乃光也。告自邑，不利即戎，所尚乃窮也。利有攸往，剛長乃終也。（原文）

象曰：澤上於天，夬，君子以施祿及下，居德則忌。（原文）

澤上於天，則一切便無非是天澤。本其天澤，便自「健而說」。用其天澤，便自「決而和」。天澤不可干，是以「孚號有厲，其危乃光」。天澤不可犯，是以「不利即戎，所尚乃窮」。本其天澤，以施祿及下，便即為生民立命。用其天澤，而居德則忌，便只為天地立心。由是而「揚於王庭」，則開太平以為萬世。由是而「利有攸往」，則繼絕學以對聖人。

（一）

初九，壯於前趾，往不勝為咎。（原文）

象曰：不勝而往，咎也。（原文）

有其最初之剛決，必須有其最後之勝義；若夫不勝而往，只「壯於前趾」，便自為咎。

（二）

九二，惕號，莫夜有戎，勿恤。（原文）

象曰：有戎勿恤，得中道也。（原文）

此乃惕於中，號於外，剛決繼之以剛決，雖暮夜有戎，而斷然不惑。因不懼而勿恤，從容得乎中道，便自有其平安。

（三）

九三，壯於頄，有凶。君子夬夬，獨行。遇雨若濡，有慍。無咎。（原文）

象曰：君子夬夬，終無咎也。（原文）

剛決再三，而竟勇於自用；此即為氣魄承當，只壯於頄（面權也），自陷於小，自有其凶。惟夬夬之獨行，雖沾衣之勿惜，方為君子。遇雨若濡，竟亦有慍，此則只能無咎而已。但終無咎，亦自為君子之夬夬。

（四）

九四，臀無膚，其行次且，牽羊悔亡，聞言不信。（原文）

象曰：其行次且，位不當也。聞言不信，聰不明也。（原文）

剛決而所據非理，再三樹敵，則即如臀之無膚，其行必至次且，而顛三倒四。彼不當其位者，固只能牽羊而悔亡。若復剛愎自用，聞言不信，便自聰而不明，以成其大惑之不解。

（五）

九五，莧陸夬夬，中行，無咎。（原文）

象曰：中行無咎，中未光也。（原文）

此固為最後之一決，但究為最高之一決。若夫莧陸（柔草）之夬夬，實乃決之易易。因中未光，而心之明有所未盡，故即中行，而心之咎，亦僅能免。是以最高之一決，終必有其至上之一義。

（六）

上六，無號，終有凶。（原文）

象曰：無號之凶，終不可長也。（原文）

在至高之一義下，自只有「撒旦退去」，而可無號。洪水不可任其橫流，一切不可聽其橫決，是以無號之凶，終不可長；澤上於天，即為天澤。

第四十六講　品物咸章

☰ ☴ 姤，女壯，勿用取女。（原文）

彖曰：姤，遇也。柔遇剛也。勿用取女，不可與長也。天地相遇，品物咸章也。剛遇中正，天下大行也。姤之時義，大矣哉！（原文）

象曰：天下有風，姤，后以施誥四方。（原文）

天下有風，則風行天下，而無非是姤，無非是遇。由是而「春風不相識，何事入簾帷」，此乃柔遇剛，雖「不可與長」；然「夜靜海濤三萬里，月明飛錫下天風」，則「剛遇中正，天下大行」。若夫「天蒼蒼，野茫茫，風吹草動見牛羊」，此正為天地之相遇，終品物以咸章。是以「浴乎沂」，則相遇於水上；「風乎舞雩」，則相遇於寰中；我以展其風懷，足於一己；后以施其命令，周誥四方。

（一）

初六，繫於金柅，貞吉。有攸往，見凶。羸豕
孚蹢躅。（原文）

象曰：繫於金柅，柔道牽也。（原文）

人之初遇，豈可苟從？故必繫於金柅，始有以
自固；有以自固，始有其貞吉。此柔道之牽引
而進。

人之初進，豈可苟往？故若有攸往，自當如羸
豕之孚務蹢躅，終無所歸；既無所歸，自有其
凶。

（二）

九二，包有魚，無咎，不利賓。（原文）

象曰：包有魚，義不及賓也。（原文）

包有魚，隨一己之所好而取之，此固無咎。惟
終不能以此而利天下之賓，以來四海之客。

國有人，隨一己之所遇而與之，此固無咎。惟
終不能以此而友天下之士，以輔一體之仁。

（三）

九三，臀無膚，其行次且，厲，無大咎。
（原文）

象曰：其行次且，行未牽也。（原文）

人之傷於不遇，以致「臀無膚」，而「行次且」，此固儘有其無窮之警惕與危懼，橫互於胸中。然既以此為厲，而行未牽，即無大咎。

（四）

九四，包無魚，起凶。（原文）

象曰：無魚之凶，遠民也。（原文）

欲人相遇於道，竟不能如耶穌之有「兩條魚，五個餅」，以致包既無魚，而猶欲起，此誠為遠人以為道。若以此而為政，則即為遠民以為政，是以有無魚之凶。

（五）

九五，以杞包瓜，含章，有隕自天。（原文）

象曰：九五含章，中正也。有隕自天，志不舍命也。（原文）

遇與不遇，固皆有命。「以杞」，可以自生；包瓜，可以不食；含章，可以自足；有隕自天，可以無怨。是以品物咸章，志不舍命，自居於天下之中，而儘有其一己之正。

（六）

上九，姤其角，吝，無咎。（原文）

象曰：姤其角，上窮吝也。（原文）

一切退藏，只姤其角，「以此思之，人在天地之間，可謂孤立，又將誰遇」？其上已窮，求遇即吝。惟任其一己，只姤其角，亦未始非吝。於此之際，求遇之吝，與不遇之吝，固皆只在乎一念之間，若有其性情之貞，而無其大道之累，自屬無咎於存心，而咸章於品物。

第四十七講　觀其所聚

☱ ☷　萃，亨。王假有廟，利見大人。亨，利
貞。用大牲，吉。利有攸往。（原文）

彖曰：萃，聚也。順以說，剛中而應，故聚也。
王假有廟，致孝享也。利見大人，亨，聚以正
也。用大牲吉，利有攸往，順天命也。觀其所
聚，而天地萬物之情，可見矣。（原文）

象曰：澤上於地，萃，君子以除戎器，戒不虞。
（原文）

澤上於地，則整個是農田水利。於此而「明王
有道，守在四夷」，便自可「除戎器」。於此
而「竭力以勞萬民」，便只有「戒不虞」。
「順以說」，則萬物同春；剛中而應，則萬民
皆聚。是以「王假有廟」，以致孝享；「利見
大人」，在聚以正。觀其所聚，可見天地萬物
之情；順乎天命，即有用其大牲之吉。此聚之
所以為萃，而利有攸往。

（一）

初六，有孚不終，乃亂乃萃。若號，一握為笑，勿恤。往，無咎。（原文）

象曰：乃亂乃萃，其志亂也。（原文）

觀其所聚，則其聚不亂，其志亦不亂；由是而更觀其所志，則其志不亂，其聚亦不亂。如其「乃亂乃萃」，則必乃萃乃亂，此皆由於「有孚不終」。於此，如能有其無窮之警惕，如能有其不斷之醒覺，而若有人對之呼號，則一獲其志之正，即有其聚之宜，是以「一握為笑」，而可勿恤。以此而往，終可無咎。

（二）

六二，引吉，無咎。孚乃利用禴。（原文）

象曰：引吉無咎，中未變也。（原文）

觀其所聚，必引其聚，以招來天下之吉，方可無咎。因無咎，而有孚於己，則中未變其志。因有孚於己，而有孚於鬼神，則利用禴以祭。

（三）

六三，萃如嗟如，無攸利。往無咎，小吝。
（原文）

象曰：往無咎，上巽也。（原文）

觀其所聚，若只是萃如；則觀其所志，便只是
嗟如。此乃由無窮不盡之聚，招來無窮不盡之
災，故無攸利。然有上之巽順於己，則消災納
福，往亦無咎。惟外重而內輕，物大而我小，
終為小吝。

（四）

九四，大吉，無咎。（原文）

象曰：大吉無咎，位不當也。（原文）

能大其所聚，自為大吉。然處於聚之時，僅能
大其所聚，而不能素其位而行，且有其位之不
當，則雖大吉，亦只可無咎。

（五）

九五，萃有位，無咎匪孚，元永貞。悔亡。
（原文）

象曰：萃有位，志未光也。（原文）

有其聚，又素其位，此乃萃有位。然只是萃有
位，而不能有所進，則觀其所聚，終為志之未
光，德之未大。此雖無咎於己，終匪有孚於
人。只於此，元有其性情的永貞，方是悔亡。

（六）

上六，齎咨涕洟，無咎。（原文）

象曰：齎咨涕洟，未安上也。（原文）

此乃處於聚之巔峯狀態，能有所未安於其上，
則必有所深感於其心。由是而深悉聚之為聚，
固全與己毫無所關。懸崖撒手，齎咨涕洟；只
須無咎，即是大藏。

第四十八講　柔以時升

☷☰　☴☰　升，元亨。用見大人，勿恤。南征吉。
（原文）

彖曰：柔以時升，巽而順，剛中而應，是以大亨。用見大人，勿恤，有慶也。南征吉，志行也。（原文）

象曰：地中生木，升，君子以順德，積小以高大。（原文）

地中生木。由種子之潛藏，而有嫩芽之茁長，由嫩芽之茁長，而有柔幹之時升。由是而柔枝柔葉，以時而生；花以時而放，果以時而結。一切是巽，一切是順，一切本來是亨。君子本此以順其生命之亨，而修其性情之德，則積少以為多，積卑以為高，積小以為大，而有其一己精神之超越，並有其一己心靈之廣被。便自用見大人，勿恤而有慶；以此南征，志行而可吉。

（一）

初六，允升，大吉。（原文）

象曰：允升大吉，上合志也。（原文）

柔以時升，而又有其當下之精神之允，有其當下之生命之允，有其當下之心靈之允，有其當下之性情之允；既當於初，又當於終；既當於近，又當於遠；既當於內，又當於外；既當於下，又當於上；其與上合志，自允升大吉。

（二）

九二，孚乃利用禴，無咎。（原文）

象曰：九二之孚，有喜也。（原文）

柔以時升於上，剛以內孚於中；其上有應，即其中有喜。既可對神明而無愧，自可利用禴以無咎。

（三）

九三，升虛邑。（原文）

象曰：升虛邑，無所疑也。（原文）

以時而升，升於虛邑；便自升騰，而無所疑。
只無所疑，便無所阻；只無所阻，便有其虛。

（四）

六四，王用亨於岐山，吉，無咎。（原文）

象曰：王用亨於岐山，順事也。（原文）

由順事之勢，而順人之情；由順人之情，而順
己之性；由順己之性，而順天之理；則王用亨
於岐山，便自有其吉。既有其吉，即終有其
升。升則無咎。

（五）

六五，貞吉，升階。（原文）

象曰：貞吉升階，大得志也。（原文）

有其一己全副性情之貞，有其整個生命安頓之吉，此在精神上之升，乃一躍進；此在心靈上之升，亦一躍進。由是而躍進至一無限之世界，則柔以時升而升階，即志以升階而大得。

（六）

上六，冥升，利於不息之貞。（原文）

象曰：冥升在上，消不富也。（原文）

柔以時升，終升於冥冥之中。其有利於性情不息之貞，即有見於生命永恆之境。由是而更躍進至一悠久永恆之世界，則冥升在上，一切消滅，自當不富。

第四十九講　因而不失其亨

☵ ☱ 困，亨。貞，大人吉。無咎。有言不信。
（原文）

象曰：困，剛揜也。險以說，困而不失其所亨，
其唯君子乎？貞大人吉，以剛中也，有言不
信，尚口乃窮也。（原文）

象曰：澤無水，困，君子以致命遂志。
（原文）

澤無水，即一切乾枯。然在一己，仍儘有其精
神之潤，仍儘有其生命之潤，仍儘有其心靈之
潤，仍儘有其性情之潤。由是而「齊莊中正，
足以有敬」，則精神愈顯。由是而「發強剛
毅，足以有執」，則生命愈顯。由是而「文理
密察，足以有別」，則心靈愈顯。由是而「寬
裕溫柔，足以有容」，則性情愈顯。於此而更
「聰明睿知，足以有臨」，便自「險以說，困
而不失其所亨」。是以「致命遂志」，獲貞大
人之吉；有言不信，無徒尚口之窮。

（一）

初六，臀困於株木，入於幽谷，三歲不覿。
（原文）

象曰：入於幽谷，幽不明也。（原文）

處困之初，若幽而不明，則臀困於株木，即坐
困窮山；入於幽谷，即難見天日；三歲不覿，
即久不出頭。

（二）

九二，困於酒食，朱紱方來，利用享祀，征
凶，無咎。（原文）

象曰：困於酒食，中有慶也。（原文）

困於酒食，即以酒食為困，而思天下人之溺，
猶己溺之，思天下人之飢，猶己飢之。此乃性
情之中有守，故於生命之中有慶。由是而「朱
紱方來，利用享祀」，可以對天下，亦可以對
神明。若事其酒食之征，則只有其凶；惟不失
其性情之正，亦自可無咎。

（三）

六三，困於石，據於蒺藜，入於其宮，不見其
妻，凶。（原文）

象曰：據於蒺藜，乘剛也。入於其宮，不見其
妻，不祥也。（原文）

困於石，乃「非所困而困」，如此則困即為
一不可克服之困。據於蒺藜，乃「非所據而
據」，如此則據即為一絕對無明之據。此非險
以說，實乃柔乘剛。是以其名必辱，其身必
危。其不見妻於宮內，便自喪身於險中。

（四）

九四，來徐徐，困於金車，吝，有終。（原文）

象曰：來徐徐，志在下也。雖不當位，有與也。
（原文）

人固困於株木，但亦困於金車。無其機之向
上，便即有其志之在下。有其志之在下，便即
有其來之徐徐。彼徐徐而來之困，實即為其金
車之吝。此則必思於物有濟，方可於己有終；
而其所以有濟，則在「有與」。

（五）

九五，劓刖，困於赤紱，乃徐有説，利用祭祀。（原文）

象曰：劓刖，志未得也。乃徐有説，以中直也。利用祭祀，受福也。（原文）

貧賤可以困人，但人終不困於貧賤。富貴可以困人，但人終不困於富貴。權力可以困人，但人終不困於權力。是以株木，金車，赤紱之困，皆可以「困而不失其所亨」。志之未得於外，固可以困於赤紱而劓刖；惟心之能直於中，則亦終可乃以其「徐」而有説。由是而利用祭祀，以對神明，以對祖宗，以對天地，便自受福。

（六）

上六，困於葛藟，於臲卼。曰：動悔有悔。征吉。（原文）

象曰：困於葛藟，未當也。動悔有悔，吉行也。（原文）

困於葛藟，則一切糾纏不清，而整個是煩惱。困於臲卼，則一切危疑不已，而整個是無明。此只是未當於心，遂全困於物；而遠較困於株木為甚，遠較困於金車為甚，遠較困於赤紱為甚。此實為困窮之極，而為必思其通，必思其解，必思其亨之時。於此，有其變革之意，即須動其悔改之心。而一動其悔改之心，便即獲其大轉變，大回頭，大解脫之行，以有其真正之悔。是以「動悔有悔」，征則吉。因悔而更恍然於一個人總是自己困了自己，苦了自己，所以總是困了人家，苦了人家；同時，一個人總是困了人家，苦了人家，所以又總是困了自己，苦了自己。於此，遂更有當下之吉。

第五十講　井養而不窮

☷ ☴ 井，改邑不改井。無喪無得，往來井井。汔至亦未繘井，羸其瓶，凶。（原文）

彖曰：巽乎水而上水，井，井養而不窮也。改邑不改井，乃以剛中也。汔至亦未繘井，未有功也。羸其瓶，是以凶也。（原文）

象曰：木上有水，井，君子以勞民勸相。（原文）

改邑不改井，則井中便自有天地，別有乾坤。在那裏，會直入巖土；在那裏，會倒映天空。在那裏，行人往來其上；在那裏，原泉混混其中。凡有井處，就有一個邑。凡有井處，就有一個心。凡有井處，就有一個世界。凡有井處，就有一個神明。此使清泉在井，又使清明在躬。是以無喪無得，「巽乎水而上水」；往來井井，有井養而不窮。更由此而有當下之定居，由此而有當下之安處，由此而有當下之不渝，由此而有當下之恆常。剛中而木上有水，勞民而勸勉相助；此出乎井，以入乎道；必「羸其瓶」，方有其凶。

（一）

初六，井泥不食，舊井無禽。（原文）

象曰：井泥不食，下也。舊井無禽，時舍也。
（原文）

井泥不食，乃是渣滓未除。此渣滓之沉於井
下，亦正如渣滓之滯於胸中。

舊井無禽，乃是不治已久。此時舍其井之不
治，亦正如時舍其心之不治。

（二）

九二，井谷射鮒，甕敝漏。（原文）

象曰：井谷射鮒，無與也。（原文）

有井如谷，可以射鮒，則必有水下流，不能無
漏。此即無與於井養之不窮。加以甕敝而漏，
便整個是漏。於此，漏其天地，漏其乾坤，亦
復漏其心血。

（三）

九三，井渫不食，為我心惻，可用汲。王明，並受其福。（原文）

象曰：井渫不食，行惻也。求王明，受福也。（原文）

有井水之全清而不食，有此心之全潔而不用，則無井養之不窮，便即有人道之行惻。用汲，斯井水全為生命之水；行惻，自精誠頓作天地之誠。是以求其清明之在躬，便即有其一切之受福。

（四）

六四，井甃無咎。（原文）

象曰：井甃無咎，修井也。（原文）

有此志之殷殷，有此意之懇懇，有此心之遙遙，有此念之切切。由是而自居其鄉，自守其井，以砌累之；則井甃無咎，在修其井；天下無咎，在修其身。

（五）

九五，井洌寒泉，食。（原文）

象曰：寒泉之食，中正也。（原文）

有井之洌，以洌潔其心；有泉之寒，以寒徹其骨。由是而更有井洌之養，以井養而不窮；由是而更有寒泉之食，以中正而勿失。於此，誠如飲水，冷暖自知。惟若不知其冷，又焉知其暖？

（六）

上六，井收，勿幕有孚，元吉。（原文）

象曰：元吉在上，大成也。（原文）

井開，而往來井井，盡在其上。井收，而原泉混混，俱在其中。勿幕，則整個生命，有其澤潤，是以肫肫其仁。勿覆，則整個精神，有其嚮往，是以浩浩其天。勿遮，則整個心靈，有其照映，是以淵淵其淵。由此而更有孚於一切，便即為性情之大成。既在上為元吉，自井養而不窮。

第五十一講　革而信之

☲ ☱　革，已日乃孚。元亨。利貞，悔亡。
（原文）

象曰：革，水火相息，二女同居，其志不相得，
曰：革。已日乃孚，革而信之。文明以説，大
亨以正，革而當，其悔乃亡。天地革，而四時
成。湯武革命，順乎天而應乎人。革之時大矣
哉！（原文）

象曰：澤中有火，革，君子以治歷明時。（原文）

水火相息，則生命無其澤潤，便只是乾枯；精
神無其發揚，便只是萎縮。是故天地亦為之而
閉。

志不相得，則心靈無其感通，便只是窒息；性
情無其交往，便只是乖戾。是故賢人亦為之而
隱。

於此而求其變，則變不失常，方能文明以説。
於此而求其革，則革而信之，始可大亨以正。

革非得已，故必「已日乃孚」。雖天地革，而四時成；惟革而當，始亡其悔。順乎天以明時，應乎人以治歷；觀澤中之有火，知人世之有光。是以元亨，利貞，而悔亡。

（一）

初九，鞏用黃牛之革。（原文）

象曰：鞏用黃牛，不可以有為也。（原文）

不足以通變，即不可以有為；不可以有為，即不足以言革。只「鞏用黃牛之革」，而於處革之初，即乖張而固執以冒進，此何能革而信之？

（二）

六二，已日乃革之，征吉，無咎。（原文）

象曰：已日革之，行有嘉也。（原文）

雖已再變，而行有常；雖已再革，而行有嘉。是以一切順從，必至已日乃革。於此之際，既已順乎天而征吉，便自應乎人而無咎。

（三）

九三，征凶貞厲，革言三就，有孚。（原文）

象曰：革言三就，又何之矣。（原文）

革而信之，始可言革。然纔一言革，便即前往，自有其凶。及再言革，則必貞以自守，厲以自持。由是而革言三就，方可有孚於天下。於此之際，不革何之？

（四）

九四，悔亡，有孚改命。吉。（原文）

象曰：改命之吉，信志也。（原文）

處革之時，必革而當，其悔乃亡。必革而信之，方能有孚於己，有孚於人，有孚於天下，有孚於後世。由是而上下信其志，內外信其志，前後信其志，左右信其志，十世百世信其志，千世萬世信其志，方有見弊而改革之宜，見信以改命之吉。

（五）

九五，大人虎變，未占有孚。（原文）

象曰：大人虎變，其文炳也。（原文）

大人虎變，一切風從。此則於其未占，亦知其順乎天；於其未革，亦知其應乎人。其心有孚，其文炳煥。其革而信之，便自有當於事，有當於理，有當於古，有當於今，有當於革之時。

（六）

上六，君子豹變，小人革面，征凶，居貞吉。
（原文）

象曰：君子豹變，其文蔚也。小人革面，順以
從君也。（原文）

君子豹變，山林改觀。此則於其未變，只知其
藏乎密；於其未改，只知其洗乎心。及其所存
既神，則其所過自化。及其所過既化，則其所
革自信。是以有其成文之彬蔚。且必有其成文
之彬蔚，方可有其豹變之完成。由是而小人亦
面目為之一新，而革其面。既革其面，則順以
從君。若再言革，便即征凶。是以處革之終，
只有居貞之吉。

第五十二講　大亨以養聖賢

☰☲ 鼎，元吉。亨。（原文）

彖曰：鼎，象也。以木巽火，亨，飪也。聖人亨，以享上帝。而大亨以養聖賢。巽而耳目聰明。柔進而上行，得中而應乎剛，是以元亨。（原文）

象曰：木上有火，鼎，君子以正位凝命。（原文）

在鼎之中，有水火之相濟，有百物之成熟，有五味之調和。此使矛盾者統一，此使雜者純，此使陳者新。是以革去故，而鼎成新。由以木巽火，而新其烹飪；由新其烹飪，而新其滋味；由新其滋味，而新其精神；由新其精神，而新其生命；由新其生命，而新其心靈；由新其心靈，而新其性情，更由新其性情，而新其人間，新其天地，新其乾坤。是以在鼎之中，自有人間，自有天地，自有乾坤。因其自有人間，故「君子以正位凝命」。因其自有天地，故「聖人亨，以享上帝」。因其自有乾坤，故「大亨以養聖賢」。既「柔進而上行」，便一切興起。既「得中而應乎剛」，便一切鎮定。此所以為元亨。

（一）

初六，鼎顛趾，利出否，得妾以其子，無咎。
（原文）

象曰：鼎顛趾，未悖也。利出否，以從貴也。
（原文）

鼎顛趾，則動搖。在鼎新之世，無其性情之貞者，即為否。利其動搖，而出其否，則未悖於道而可納其新。此乃失於此，而有得於彼，是以無咎。

（二）

九二，**鼎有實，我仇有疾，不我能即。吉。**
（原文）

象曰：鼎有實，慎所之也。我仇有疾，終無尤
也。（原文）

鼎有其實，便只須坐鎮一切。此如何可以輕
動？是以慎其所之，方可以其剛正，而有其
實。

既有其實，則一切即難乘虛而入。既難乘虛而
入，則於聽其自毀之際，即使我仇無疾，亦將
有疾。又如何可以再近於我？故終無尤而吉。

（三）

九三，鼎耳革，其行塞，雉膏不食，方雨虧悔，終吉。（原文）

象曰：鼎耳革，失其義也。（原文）

「鼎耳革」，則一切無聞而失其義。「其行塞」，則一切無與而失其通。「雉膏不食」，則一切無味而失其養。惟和暢於鼎中，即方雨於天際。此則因於心有虧之悔，終可獲於世有益之吉。

（四）

九四，鼎折足，覆公餗，其形渥，凶。（原文）

象曰：覆公餗，信如何也。（原文）

「鼎折足」，又如何能正位凝命？「覆公餗」，又如何能「大亨以養聖賢」？「其形渥」，又如何能「聖人亨，以享上帝」？是以以此而凶，信如之何？

（五）

六五，鼎黃耳金鉉，利貞。（原文）

象曰：鼎黃耳，中以為實也。（原文）

鼎黃耳，則一切的嘉言，來於鼎畔。「鼎金鉉」，則一切的光榮，納於鼎中。由是而中以為實，便即「大亨以養聖賢」，而自利於性情之貞。

（六）

上九，鼎玉鉉，大吉，無不利。（原文）

象曰：玉鉉在上，剛柔節也。（原文）

玉鉉在上，有命自天；加以「木上有火」，便即火通於鼎中，鼎通於寰中。火通於鼎中，而水火相濟。鼎通於寰中，而剛柔相節。由是而位無不正，命無不凝，上帝無不享，聖賢無不養，便自大吉，而無不利。

第五十三講　恐致福

☳ ☳　震，亨。震來虩虩，笑言啞啞，震驚百里，不喪匕鬯。（原文）

象曰：震亨，震來虩虩，恐致福也。笑言啞啞，後有則也。震驚百里，驚遠而懼邇也，出可以守宗廟社稷，以為祭主也。（原文）

象曰：洊雷，震，君子以恐懼修省。（原文）

對上天下地，悚然而懼；對古往今來，悚然而懼；對前對後，對左對右，悚然而懼，對內，對外，對晝，對夜，悚然而懼。於此，有其無窮無盡的危懼，即有其無窮無盡的警惕。於此，有其無窮無盡的警惕，即有其無窮無盡的修持。於此，有其無窮無盡的修持，即有其無窮無盡的福德。是以震來虩虩，因「恐」致福；笑言啞啞，因「恐」有則。入既可「以恐懼修省而為君子」，出即可以守宗廟社稷以為祭主。其震驚乎百里，自可驚遠而懼邇。其不喪乎匕鬯，自可守先以待後。

（一）

初九，震來虩虩，後笑言啞啞，吉。（原文）

象曰：震來虩虩，恐致福也。笑言啞啞，後有則也。（原文）

震，是上天的震怒。震，是大地的震驚。於此之際，就是毒蛇的子孫，亦自應「震來虩虩」。於此之際，就是驕縱的兒女，亦只能「笑言啞啞」。由是而纏來即由恐而悔改，由悔改而致福。便自隨後可由恐而「有則」，由「有則」而獲吉。

（二）

六二，震來厲，億喪貝，躋於九陵，勿逐，七日得。（原文）

象曰：震來厲，乘剛也。（原文）

毒蛇的子孫，以震來之厲，而喪其資貝。驕縱的兒女，以震來之厲，而躋於九陵。惟既乘其剛，則雖勿逐，亦可於短短之七日，得其浪子之回頭。

（三）

六三，震蘇蘇，震行無眚。（原文）

象曰：震蘇蘇，位不當也。（原文）

以其分位之不當，而無時不警惕其一己所處之非；由是以蘇蘇震恐，則雖未能因恐致福，惟亦可以無眚。

（四）

九四，震遂泥。（原文）

象曰：震遂泥，未光也。（原文）

此乃因生命有泥足之陷，是以精神有物化之虞。復因精神有物化之虞，是以心靈有窒息之勢。更因心靈有窒息之勢，是以性情有未光之災。此誠有其無窮危懼之時，自須致其時時震恐之意。

（五）

六五，震往來厲。億，無喪有事。（原文）

象曰：震往來厲，危行也。其事在中，大無喪也。（原文）

處震之時，高高在上，若非從容中道，便即動則多咎，行則多危。是以往來皆須有其無窮的警惕。必有其事在中，而時億其可久可大；以危懼而無喪，斯因恐而致福。

（六）

上六，震索索，視矍矍，征凶。震不於其躬，
於其鄰，無咎。婚媾有言。（原文）

象曰：震索索，中未得也。雖凶無咎，畏鄰戒
也。（原文）

處震之極，高高在上，若非文思安安，便即其
震索索，其視矍矍。是以未得於中，必失於
外；以此而往，只有其凶。「震不於其躬」，
則失其躬之警惕與危懼。震能於其鄰，則獲其
鄰之警惕與危懼。人能長居於一大警惕與危懼
之氣氛與環境中，則畏鄰戒，亦可無咎，然危
疑之際，婚媾亦必有言。於此，而仍能有其絕
大之真信心，便即為真正的恐致福。

第五十四講 不見其人

☷☷ 艮其背，不獲其身，行其庭，不見其人。無咎。（原文）

彖曰：艮，止也。時止則止，時行則行，動靜不失其時，其道光明。艮其止，止其所也。上下敵應，不相與也。是以不獲其身，行其庭，不見其人，無咎也。（原文）

象曰：兼山，艮，君子以思不出其位。（原文）

兼山之中，層峯之下；其人已往，不見其人。但儘可見其精神，見其生命，見其心靈，見其性情。雖行其庭，亦復如是。於此，一切是靜定。

層峯之中；兼山之下，其人已去，不獲其身。但儘可見其肺腑，見其肝膽，見其心血，見其柔腸。雖艮其背，亦復如是。於此，整個是虛寂。

因此之故，一止其所，即「時止則止」；一不相與，即「時行則行」，動靜既皆不失其時，君子自「思不出其位」。是以上下敵應，亦能無咎。

（一）

初六，艮其趾，無咎，利永貞。（原文）

象曰：艮其趾，未失正也。（原文）

艮其趾，則即足不出戶。此乃能有其初，未失其正，而儘可當下即止，當下無咎。是以有利於其一己性情之永貞，而難見其人。

（二）

六二，艮其腓，不拯其隨，其心不快。（原文）

象曰：不拯其隨，未退聽也。（原文）

艮其腓，則每不由自主。此乃未能退聽於一己性情之所好，又不足以拯其一己平日之所隨。是以其心不快，方不見其人。

（三）

九三，艮其限，列其夤，厲薰心。（原文）

象曰：艮其限，危薰心也。（原文）

艮其限，則上下俱隔；列其夤，則一體猶分。此乃由隔而止，方不見其人。止乃由分而止，方不見其身。是以有其深深之危懼，以薰其心。

（四）

六四，艮其身，無咎。（原文）

象曰：艮其身，止諸躬也。（原文）

能止諸躬，即清明在躬。是以一艮其身，而心安理得；不見其人，而天清地寧。由此而萬物皆備於我，亦由此而一己無負於人，便自無咎。

（五）

六五，艮其輔，言有序，悔亡。（原文）

象曰：艮其輔，以中正也。（原文）

艮其輔，則即有其左右之止；有其左右之止，即有其左右之寧；有其左右之寧，即有其左右之中；有其左右之中，即有其左右之正。由是而有其一己左右之序，便亦即有其一己言行之序。是以不見其人，亦可悔亡。

（六）

上九，敦艮。吉。（原文）

象曰：敦艮之吉，以厚終也。（原文）

處止之極，乃止其所：乃止其所以為至真之所，乃止其所以為至善之所，乃止其所以為至美之所，乃止其所以為至神之所。由是而有其精神之止，由是而有其生命之止，由是而有其心靈之止，由是而有其性情之止。以其終止於天高地厚，終止於至大至剛，故不見其人，即有其止之實，止之敦，而為敦艮之吉。

第五十五講　漸之進

☰☷ 漸，女歸吉。利貞。（原文）

彖曰：漸之進也。女歸吉也。進得位，往有功也。進以正，可以正邦也。其位，剛得中也。止而巽，動不窮也。（原文）

象曰：山上有木，漸，君子以居賢德善俗。（原文）

山上有木，樹之十年，樹之百年，亦樹之千年，樹之萬載。其生以漸，其長以漸，其花以漸，其實以漸。如女之歸，以漸而吉。如邦之正，以漸而成。其進得位，其往有功；其剛得中，其動不窮。是以君子進以正，以居賢德；止而巽，以善風俗；便自利貞。

（一）

初六，鴻漸於干，小子厲，有言，無咎。（原文）

象曰：小子之厲，義無咎也。（原文）

冬以漸而去，春以漸而來，由是而由鴻亦漸而止於淺水之湄。既居於下，而水猶寒；一己之柔，有所難勝。是以其鳴，有如小子之危懼有言。惟終能漸長漸飛，故義無咎。

（二）

六二，鴻漸於磐，飲食衎衎，吉。（原文）

象曰：飲食衎衎，不素飽也。（原文）

春以漸而歸，夏以漸而至。由是而鴻亦漸而棲於磐石之上。雖繁華未能盡收，但綠蔭又隨處而有。飲食其下，和樂衎衎。既招來天地之清寧，又獲得天下之佳果。自有好音，並不素飽，是以有吉。

（三）

九三，鴻漸於陸，夫征不復，婦孕不育，凶，利禦寇。（原文）

象曰：夫征不復，離羣醜也。婦孕不育，失其道也。利用禦寇，順相保也。（原文）

夏以漸而消，秋以漸而起。由是而鴻亦漸而進於平高之陸。然以此而遽忘其水鳥在水之形，輕離其羣，而不知醜；頓失其道，而不知求；則雌者失貞，雄者忘返。是以「夫征不復，婦孕不育」，待秋霜一至，便只有哀鳴，即無非是凶。惟若身為水鳥，而能搏鬥於陸，則為其羣，自利禦寇，以順相保。

（四）

六四，鴻漸於木，或得其桷，無咎。（原文）

象曰：或得其桷，順以巽也。（原文）

秋以漸而逝，冬以漸而隆，由是而鴻亦漸而飛
於蕭疏之木。然水鳥之蹼，實不宜木棲；祇有
或得其橫平之柯，始能順以巽而處之，以避隆
冬，而安於大雪紛飛之下。由是以漸待三冬之
去，則春一來，即可無咎。

（五）

**九五，鴻漸於陵，婦三歲而不孕，終莫之勝，
吉。**（原文）

象曰：終莫之勝，吉，得所願也。（原文）

由冬之再去，而有春之再來。來即以漸而滿，
便自春滿乾坤。由是而鴻更以漸而止於高阜之
陵，與三春同在，又與宇宙同春。春風之吹，
儘是花好；三歲不孕，正自無妨。春雨之阻，
終莫之勝；一得所願，即全為吉。

（六）

上九，鴻漸於陸，其羽可用為儀，吉。（原文）

象曰：其羽可用為儀，吉，不可亂也。（原文）

由夏之再歇，而有秋之再興。以漸而興，即以漸而立，以漸而成，並自成其百穀草木之收成，而成己成物，成天成地。由是而鴻更以漸而飛於雲中，着於陸地；自有千秋，自新毛羽。秋風之起，偏有月圓；是以桐葉可飄其下。秋雨之來，終不可亂；是以其羽可用為儀。於此便無非是清明，亦無非是超逸。以漸之進，其吉可知。

第五十六講　人之終始

☰☰ ☰☰ 歸妹，征凶，無攸利。（原文）

彖曰：歸妹，天地之大義也。天地不交，而萬物不興。歸妹，人之終始也。説以動，所歸妹也。征凶，位不當也。無攸利，柔乘剛也。（原文）

象曰：澤上有雷，歸妹，君子以永終知敝。（原文）

此歸妹之道，乃男女之道。此男女之道，乃陰陽之道，此陰陽之道，乃生命之道。由是而有其精神之道，以上下與天地同流，則成天地之大義。由是而有其性情之道，以俯仰與古今為一，則為人之終始。是以「説以動」，乃歸妹之心；歸妹之心，乃父母之心；父母之心，乃天地之心。而澤上有雷，則動天動地，打動一切之心。君子以此而永終其心靈之道，則即知有位不當之「征而凶」，有柔乘剛之「無攸利」，其敝之所至，可使「天地不交，而萬物不興」。故欲生息之無窮，總須歸妹之可繼。

（一）

初九，歸妹以娣，跛能履，征吉。（原文）

象曰：歸妹以娣，以恆也。跛能履，吉相承也。
（原文）

歸妹以娣，則當下有其生命之悌從，便即當下
有其生命之恆足。當下有其生命之恆足，便即
當下有其生命之相承。是以跛而能履，踐履而
吉。（原文）

（二）

九二，眇能視，利幽人之貞。（原文）

象曰：利幽人之貞，未變常也。（原文）

當下有其生命之相承，則即當下有其生命之照
應。是以眇而能視。其永未變其生命之常，則
即使失其位，亦有利乎此幽人之貞。

（三）

六三，**歸妹以須，反歸以悌。**（原文）

象曰：**歸妹以須，未當也。**（原文）

歸妹以須，則當下有其生命之期待。當下有其
生命之期待，即當下有其生命之沾滯。當下有
其生命之沾滯，即當下有其生命之未當。是以
反歸以娣，以從其命。

（四）

九四，**歸妹愆期，遲歸有時。**（原文）

象曰：**愆期之志，有待而行也。**（原文）

歸妹愆期，即當下有其生命之躭誤。當下有其
生命之躭誤，即當下有其生命之羈留。當下有
其生命之羈留，即當下有其生命之遲暮。是
以遲歸，有時如此。惟「愆期之志，有待而
行」，亦只得如此。

（五）

六五，帝乙歸妹，其君之袂，不如其娣之袂
良。月幾望，吉。（原文）

象曰：帝乙歸妹，不如其娣之袂良也。其位在
中，以貴行也。（原文）

此則當下有其生命之華貴，亦當下有其生命之
謙卑。帝乙歸妹，固不患無其生命之衣飾，而
只患失其生命之禮容。是以「其君之袂，不如
其娣之袂良」，蓋所貴在彼，而不在此；既以
貴行，尤須柔巽。必花含苞而待發，月幾望而
待圓，方為歸妹之吉，而位在其中。

（六）

上六，女承筐無實，士刲羊無血，無攸利。
（原文）

象曰：上六無實，承虛筐也。（原文）

此乃當下有其生命之空虛！要知無其生命之承
接，即無其生命之因應；無其生命之因應，即
只能有其生命之空虛。是以女承筐而無實，士
刲羊而無血。雖歸妹為人之終始，然於此，則
誠「無攸利」之可言。蓋在歸妹之終，而仍陷
於男女之事，而無其夫婦之實，遂只好承其虛
筐。

第五十七講　明以動

☲ ☳ 豐，亨。王假之，勿憂，宜日中。
（原文）

彖曰：豐，大也。明以動，故豐。王假之，尚大也。勿憂，宜日中，宜照天下也。日中則昃，月盈則食，天地盈虛，與時消息，而況於人乎？況於鬼神乎？（原文）

象曰：雷電皆至，豐，君子以折獄致刑。（原文）

惟明以動，故不陷於無明。惟不陷於無明，故王假之，以尚豐大。惟王假之，以尚豐大；故可勿憂，而宜日中。居青天白日之中，在雷電皆至之下，整個是光明，整個是理性。只因天地有其盈虛，是以君子方折其獄；只因一切與時消息，是以君子方致其刑。此既無礙於光明之「宜照天下」，自亦無礙於理性之直通鬼神。

（一）

初九，遇其配主，雖旬無咎。往有尚。（原文）

象曰：雖旬無咎，過旬災也。（原文）

此乃光明之加上光明，理性之加上理性。既均
是光明，均是理性，自是無咎。惟若過旬而求
勝，則勝心之所加，便即成光明之災，與夫理
性之禍。其往有尚而可嘉，總須相容而相得。

（二）

**六二，豐其蔀，日中見斗，往得疑疾，有孚發
若，吉。（原文）**

象曰：有孚發若，信以發志也。（原文）

對整個光明，總要有其信心；對整個理性，總
要發其志氣，必如此，方可有孚於中，而「明
以動」。否則，一「豐其蔀」，便即陷於無
明；「日中見斗」，便即陷於大惑；「往得疑
疾」，便即無可救藥。惟一有孚，終可獲吉。

（三）

九三，豐其沛，日中見沬。折其右肱，無咎。
（原文）

象曰：豐其沛，不可大事也。折其右肱，終不
可用也。（原文）

此乃對整個光明，信心未足，是以「豐其
沛」；以幡幔之故，而只能於日中見沬，有其
微明，不可大事。但只要信，便自無咎。此乃
對整個理性，發志未充，是以「折其右肱」；
以隻手之故，而只能於家中自守，不能回天，
又何可用？但有其志，便亦可以無咎。

（四）

九四，豐其蔀，日中見斗，遇其夷主，吉。
（原文）

**象曰：豐其蔀，位不當也。日中見斗，幽不見
也。遇其夷主，吉行也。（原文）**

一豐其蔀，即歸無明，而位不當；然遇其夷
主，復其光體，見其心之本然，則又當下是
明，當下是吉。

日中見斗，即歸大惑，而幽不明；然遇其夷
主，發其初志，見其性之本源，則亦當下是
明，當下是吉。

（五）

六五，來章有慶譽，吉。（原文）

象曰：六五之吉，有慶也。（原文）

明以動，則愈有其一心之顯；由是而有整個光明之來章，便自有慶而吉。

明以動，則愈有其志氣之發；由是而有整個理性之來章，便自有譽而吉。

（六）

上六，豐其屋，蔀其家，窺其戶，闃其無人。三歲不覿，凶。（原文）

象曰：豐其屋，天際翔也。窺其戶，闃其無人，自藏也。（原文）

「豐其屋」，則天際翔，而隔於天日。「蔀其家」，則人間遠，而隔於世界。「闃其戶，闃其無人」，則深自藏，而隔於一切。「三歲不覿」，則甘死寂，而隔於永恆。此乃在整個光明中，失其自己，離其自己，隔絕其自己；因亦失其一己之信心，離其一己之心血，隔絕其一己之心腸，而不能明以動。是以有其凶。此乃在整個理性下，失其自己，離其自己，隔絕其自己；因亦失其一己之志氣，離其一己之肝膽，隔絕其一己之擔當，而不能明以動。是以有其凶。

第五十八講　山上有火

☲ ☶ 旅，小亨，旅貞吉。（原文）

彖曰：旅小亨，柔得中乎外，而順乎剛；止而麗乎明，是以小亨旅貞吉也。旅之時義，大矣哉！（原文）

象曰：山上有火，旅，君子以明慎用刑，而不留獄。（原文）

山上有火，此乃野火之上於山頭。其火光之燭天，實僅宜於黑夜。然在人間，彼此仍只是摸索；摸索以行，摸索以走，摸索以進，摸索以居。於此之際，自有旅人，來從四方，走向八面；又來從八面，走向四方。是以旅之時義，總在能於人間，找出一大方向，而指點山頭，認識野火。必「柔得中乎外，而順乎剛」，始可行所無事。必「止而麗乎明」，始可「賞之不竊」。由此而「君子以明慎用刑，而不留獄」；旅人則以不失其正，而可小亨。

（一）

初六，旅瑣瑣，斯其所取災。（原文）

象曰：旅瑣瑣，志窮災也。（原文）

山上有火，而猶旅中瑣瑣；則一開頭就是志窮，便即一開始就是災患。此乃全由自取，固不足怪。

（二）

六二，旅即次，懷其資，得童僕貞。（原文）

象曰：得童僕貞，終無尤也。（原文）

山上有火，則對之而能「旅即次」，便即有可以安身之次舍；對之而能「懷其資」，便即有可以生存之資具；對之而「得童僕貞」，便即有可以信賴之心腹。在旅之時，有其安身之次舍，即有其藏身之堡壘。在旅之時，有其生存之資具，即有其永生之天地。在旅之時，有其信賴之心腹，即有其可賴之神明。是以終於無尤。

（三）

九三，旅焚其次，喪其童僕，貞，厲。（原文）

象曰：旅焚其次，亦以傷矣。以旅與下，其義喪也。（原文）

山上有火，於旅之中，竟「焚其次」舍；則失其所安，徒以自傷，雖剛何益？是以難用其「堡壘」，只有危懼。

山上有火，於旅之中，竟喪其童僕；則失其心腹，與下無義，非暴如何？是以有負於「神明」，只有危厲。

（四）

九四，旅於處，得其資斧；我心不快。（原文）

象曰：旅於處，未得位也。得其資斧，心未快也。（原文）

旅於處處，而終未得其位，則山上有火，自對之只有流亡。得其資斧，而終難除荊棘，則山上有火，自對之心有未快。

（五）

六五，射雉，一矢亡。終以譽命。（原文）

象曰：終以譽命，上逮也。（原文）

山上有火，雉飛於天；一矢亡之，正中其的。由是而旅中亦復從容中道，困中亦復天下文明。無不可親；故上下皆逮。是以在旅之時，亦終有其譽，終有其令聞；於困之際，亦終有其命，終有其福祿。

（六）

上九，鳥焚其巢，旅人先笑，後號咷，喪牛於易，凶。（原文）

象曰：以旅在上，其義焚也。喪牛於易，終莫之聞也。（原文）

在流亡之極度，在旅中之盡頭，不是患難之終結，便又是禍患之開頭。是故以旅在上，其心如死，便其義如焚。山上有火，鳥焚其巢；旅人對之，先之以苦笑，繼之以血淚，其後則號咷。一切俱喪，而更「喪牛於易」。似此流亡之悲劇，旅中之憂患，既終莫之聞，亦終有所省。憑其智慧，當知其凶。

第五十九講　隨風

☴ ☴ 巽，小亨。利有攸往。利見大人。
（原文）

象曰：重巽以申命，剛巽乎中正，而志行，柔
皆順乎剛，是以小亨，利有攸往，利見大人。
（原文）

象曰：隨風，巽，君子以申命行事。（原文）

隨風而來，隨風而去；亦隨風而起，隨風而
颺；只不可隨風而飄，隨風而轉。由是而「重
巽以申命」，則有命自天。由是而「剛巽乎中
正」，則有志自行。由是而「柔皆順乎剛」，
則有苦自受。由是而「君子以申命行事」，則
有事自任。是以小亨，而可利有攸往，面對一
切。

（一）

初六，進退，利武人之貞。（原文）

象曰：進退，志疑也。利武人之貞，志治也。
（原文）

隨風之際，進退由人，則整個是猶疑，整個是
惶惑。是以志疑於進退，亦難語於順從。

隨風在世，進退由心，則當下是決斷，當下是
清明。是以志治於剛猛，反有助於巽順。

（二）

九二，巽在牀下，用史巫，紛若吉。無咎。
（原文）

象曰：紛若之吉，得中也。（原文）

隨風之世，既可隨風而上，以上極於天；自亦
可隨風而降，以「巽在牀下」。只須不失其
正，自得其中，則用史巫，亦可通於神明，而
有其紛若之吉，故儘是無咎。

（三）

九三，頻巽，吝。（原文）

象曰：頻巽之吝，志窮也。（原文）

隨風之世，頻巽則頻頻隨風而飄，即頻頻隨風
而轉。是以志窮於天地，而心死於一時，自有
其吝。

（四）

六四，悔亡，田獲三品。（原文）

象曰：田獲三品，有功也。（原文）

隨風而至再四，本自有悔，惟以其忍辱無窮，
而能精進不已；以其精進不已，而能雖柔亦
剛；以其雖柔亦剛，而能「田獲三品」；以其
「田獲三品」，而能有功於世，便亦悔亡。

（五）

九五，貞吉，悔亡。無不利，無初有終，先庚三日，後庚三日，吉。（原文）

象曰：九五之吉，位正中也。（原文）

隨風而天下風從，巽順而天下順命，此則惟有不失其性情之貞，方可以為天下之吉。

天下之吉，總在隨風而來，隨風而去，有其大中；總在隨風而起，隨風而颳，有其至正。由是而有其一己之悔亡，即可有其無往而不利。

在隨風之世，「無初有終」，那是「山窮水盡疑無路，柳暗花明又一村」，一切要等到最後，方見分曉。

在隨風之世，「先庚三日，後庚三日」，那是「歸來笑撚梅花嗅，春在枝頭已十分」，一切要斟之再三，方有其吉。

（六）

上九，巽在牀下，喪其資斧，貞凶。（原文）

象曰：巽在牀下，上窮也。喪其資斧，正乎凶也。（原文）

隨風之極，而只能「巽在牀下」，則其上之窮，自可想見。於此，便即整個是屈辱。

隨風之極，而竟至「喪其資斧」，則其心之失，自可想見。於此，便即只有其凶危。

第六十講　說之大

☱ ☱ 兌，亨。利貞。（原文）

彖曰：兌，說也。剛中而柔外，說以利貞。是以順乎天而應乎人。說以先民，民忘其勞。說以犯難，民忘其死。說之大，民勸矣哉。（原文）

象曰：麗澤，兌，君子以朋友講習。（原文）

有生命之澤潤加上澤潤，方有生命之光輝加上光輝。有生命之光輝加上光輝，方有生命之喜悅加上喜悅。有生命之喜悅加上喜悅，方有其生命之兌之亨，與其生命之「說之大」。由是而「說以先民」，則民以有其生命之兌之亨，而忘其勞。由是而說以犯難，則民因有其生命之說之大，而忘其死。由是而整個生命有其安頓，是以順天而應人。由是而整個性情有其安排，是以「剛中而柔外」。由是而更以全副精神接引全副精神，以全副心靈接引全副心靈，是以「君子以朋友講習」。因說以利貞，故民皆勸。

（一）

初九，和兌，吉。（原文）

象曰：和兌之吉，行無疑也。（原文）

「行無疑」，則「半畝方塘一鑑開，天光雲影
兩徘徊」。以此而「和兌之吉」，便即如源頭
活水之來。

（二）

九二，孚兌，吉，悔亡。（原文）

象曰：孚兌之吉，信志也。（原文）

其志既信，則「萬物靜觀皆自得，四時佳興與
人同」，以此而孚兌之吉，便即成從容悔亡之
境。

（三）

六三，來兌，凶。（原文）

象曰：來兌之凶，位不當也。（原文）

不素其位而行，即不當其位而處。由是而乏其
兌之自內而發，便只求其兌之自外而來。既只
求其兌之自外而來，便自有其凶之相隨而至。

（四）

九四，商兌未寧，介疾有喜。（原文）

象曰：九四之喜，有慶也。（原文）

商兌未寧，則樂以終身，憂以終身；由是而更
「先天下之憂而憂，後天下之樂而樂」。其耿
介之疾，乃因眾生有疾。而其內心有喜，則因
天下有慶。

（五）

九五，孚於剝，有厲。（原文）

象曰：孚於剝，位正當也。（原文）

惟剝落到極點，始有其孚。惟簡單化到極點，始有其孚。則其孚，實由於危，實由於懼，實由於厲，當亦可知。然於此而有其位之正當，於此而有立足點之正大，並於此而有其起點之堂皇，便自一切無妨，一切無礙。

（六）

上六，引兌。（原文）

象曰：上六引兌，未光也。（原文）

說之大，必不因人而悅。說之大，必不因事而悅。說之大，必不因時而悅。說之大，必不因地而悅。若必見引於人，而後為悅，即悅未光。若必見諸於事，而後為悅，悅亦未光。若必見行於時，而後為悅，悅仍未光。若必見遷於地，而後為悅，悅更未光。凡悅未光，而有其牽牽連連，皆為引兌，此只是說之未大。凡兌之亨，皆說之大。

第六十一講　風行水上

☵ ☴　渙，亨。王假有廟，利涉大川，利貞。
（原文）

彖曰：渙亨，剛來而不窮，柔得位乎外而上同。
王假有廟，王乃在中也。利涉大川，乘木有功
也。（原文）

象曰：風行水上，渙，先王以享於帝立廟。（原
文）

風行水上，天在水中；水在人前，人臨風立。
見「剛來而不窮」，因念古往今來之人物。見
「柔得位乎外而上同」，因念歷史文化之相
續。見「王假有廟」，因念國家民族之永恆。
見「利涉大川」，因念山川草木之無限。

在古往今來之人物中，會有其渙。在歷史文化
之相續中，會有其渙。在國家民族之永恆中，
會有其渙。在山川草木之無限中，會有其渙。
此則必更有其無窮無盡之思，必更有其無窮無
盡之意。由是而更思「先王以享於帝立廟」之
意，便即更利於性情之貞。

（一）

初六，用拯馬壯，吉。（原文）

象曰：初六之吉，順也。（原文）

一順其性情之貞，用拯其渙散之勢，則如馬之壯，以能力行，便自風行水上，而有其吉。

（二）

九二，渙奔其机，悔亡。（原文）

象曰：渙奔其机，得願也。（原文）

風行水上，渙奔其机，則憑欄而立，俯視其中；由是而見其自己，便即得其心願；得其心願，便即獲其所安；獲其所安，便即對上天下地，可以悔亡。

（三）

六三，渙其躬，無悔。（原文）

象曰：渙其躬，志在外也。（原文）

風行水上，渙其躬，則憑虛而立，仰望天空。由是而志在於外，便即得其所應；得其所應，便即從其所好；從其所好，便即對古往今來，可以無悔。

（四）

六四，渙其羣，元吉。渙有丘，匪夷所思。（原文）

象曰：渙其羣，元吉，光大也。（原文）

風行水上，渙其羣，則一切置之度外，而又跳出其旁。由是而安其獨體，便即有其恆常。有其恆常，便即有其光大。有其光大，便即有其元吉。於此而更以中國為一人，復以天下為一家，則對國家民族之渙而有丘，即尤有其「匪夷所思」之吉。

（五）

九五，渙汗其大號，渙，王居無咎。（原文）

象曰：王居無咎，正位也。（原文）

風行水上，渙汗其大號，則憑己之汗血，以大號令於天下。由是而正其一心，則「天地位焉」；由是而正其一己，則「萬物育焉」。於此，天地渙而重整，萬物渙而重生，便即歷史渙而重續，文化渙而重新。王居其中，會自有其外王之業，儘可無咎。

（六）

上九，渙其血，去逖出，無咎。（原文）

象曰：渙其血，遠害也。（原文）

風行水上，臨風而立。既已流淚，又繼之以血。於此，有山川之渙，便只有憂傷。於此，有草木之渙，便只有憂患。惟能真有省於憂傷，即終可渙其血；真有識於憂患，即終可遠其害。是以長在山川草木之間，而能無咎。

第六十二講　當位以節

☲ ☰ 節，亨。苦節不可貞。（原文）

彖曰：節亨。剛柔分而剛得中。苦節不可貞，其道窮也。説以行險，當位以節，中正以通。天地節而四時成，節以制度，不傷財，不害民。（原文）

象曰：澤上有水，節，君子以制數度，議德行。（原文）

有生命上的「當位以節」，則即「剛柔分而剛得中」。有性情上的「當位以節」，則即「苦節不可貞」，而別有教。不過中以為節，豈無悦而行險？以此之故，「説以行險」，自又為其精神上的「當位以節」；「中正以通」，自又為其心靈上的「當位以節」。澤上有水，既不乾涸，又不氾濫，以此而言，則心靈與生命之道，又豈能外於此？精神與性情之教，又豈能外於此？由是而「君子以制數度，議德行」，則有人世之節，便即有天地之節；有天地之節，便即有四時之成，與夫一切之亨。

（一）

初九，不出戶庭，無咎。（原文）

象曰：不出戶庭，知通塞也。（原文）

當位以節，則當下即知其通。既當下即知其通，則不出戶庭，亦即當下可以因開門見山而無咎。

當位以節，則當下亦知其塞。既當下亦知其塞，則不出戶庭，亦即當下可以因閉門思過而無咎。

（二）

九二，不出門庭，凶。（原文）

象曰：不出門庭凶，失時極也。（原文）

不出門庭，坐困窮山，徒任其精神與生命之衝突與矛盾，則失時之極，自有其凶，而非當位以節。

不出門庭，枯守敗宅，徒任其心靈與性情之枯槁與乖張，則失時之極，而非當位以節，自有其凶。

（三）

六三，不節若，則嗟若，無咎。（原文）

象曰：不節之嗟，又誰咎也？（原文）

澤上有水，有其及時之悅，而無其及時之節，則不歸泛濫，即歸乾涸；一不乾涸，又告泛濫。由是而有其乾涸之嗟，又有其泛濫之嗟，又將誰咎？惟既有其嗟，亦終有其節，故終無咎。

（四）

六四，安節，亨。（原文）

象曰：安節之亨，承上道也。（原文）

當位以節，而又能有其精神之安，有其生命之
安，有其心靈之安，有其性情之安，則上承乎
天道，而又自有其道，便自能亨。

（五）

九五，甘節，吉。往有尚。（原文）

象曰：甘節之吉，居位中也。（原文）

居位之中，當位以節，此乃以人世之節，更求
合於天地之節，是以往有嘉尚，而成以四時；
甘於寂寞，而又甘以天下；甘於獨體，而又甘
以蒼生；便自有甘節之吉。

（六）

上六，苦節貞凶，悔亡。（原文）

象曰：苦節貞凶，其道窮也。（原文）

居節之極，過節之中，則澤上有水，亦終於乾
涸。此非當位以節，故有其道之窮。若固守其
道之窮，而不顧其道之塞，便即一切難繼。是
以既有其天下脫節之患，復有其蒼生苦節之
凶。然在一己，則既已自苦，便亦悔亡。

第六十三講　孚乃化邦

☲ ☵ 中孚，豚魚吉，利涉大川。利貞。
（原文）

彖曰：中孚，柔在內而剛得中，説而巽，孚乃化邦也。豚魚吉，信及豚魚也。利涉大川，乘木舟虛也。中孚以利貞，乃應乎天也。（原文）

象曰：澤上有風，中孚，君子以議獄緩死。（原文）

澤上有風，吹皺春水，而春草亦因之而生，因之而長，拂於水中。由是而更吹動了人影，吹動了天心，並使人「知遠之近，知風之自，知微之顯」，而可以入德，可以有孚。有孚於中，則説而巽，以應乎天。有孚於外，則化其邦，而豚魚吉。是以「柔在內，而剛得中」；乘木舟，而虛為用；中孚乃所以利貞，議獄乃所以緩死。

（一）

初九，虞吉，有它不燕。（原文）

象曰：初九虞吉，志未變也。（原文）

孚乃化邦，所虞只在一己孚之與否。度其已孚，便自可吉。若志未變，則即天清地寧，心安理得。是以一有其它之心，必無燕安之日。

（二）

九二，鳴鶴在陰，其子和之；我有好爵，吾與爾靡之。（原文）

象曰：其子和之，中心願也。（原文）

孚乃化邦，是以化及禽鳥。有清風之在澤，即有鳴鶴之在陰，一切和之，何況其子？我有好爵，自天而來，然中心之所願，尤在有人之共享。由是而把一切敞開，便自天空海濶。

（三）

六三，得敵，或鼓或罷，或泣或歌。（原文）

象曰：或鼓或罷，位不當也。（原文）

孚乃化邦，竟亦得敵，此乃所處之不當，是以
或鼓而進，或罷而退，或泣而走，或歌而還。
有其進退之失常，便即有其中心之無主。

（四）

六四，月幾望，馬匹亡，無咎。（原文）

象曰：馬匹亡，絕類上也。（原文）

月幾望，則已近全圓，是以當下有其圓滿，當
下有其圓成，當下有其自足。馬匹亡，則絕類
而上，是以當下不與物競，當下不與人爭，當
下有其自信。固皆孚而無咎。

（五）

九五，有孚攣如，無咎。（原文）

象曰：有孚攣如，位正當也。（原文）

有所處之正當，即有天下之信賴。有天下之信賴，即有歷史之擔承。有歷史之擔承，即有一己之使命。是以有孚攣如，方可化邦，方可無咎。

（六）

上九，翰音登於天，貞凶。（原文）

象曰：翰音登於天，何可長也？（原文）

孚乃化邦，自須俯就。豈可徒事高飛，空有好音？是以翰音登於天，則一切無其實。如此貞以自守，又何可長？故有其凶。

第六十四講 山上有雷

☶☳ 小過，亨。利貞，可小事，不可大事。飛鳥遺之音，不宜上，宜下，大吉。（原文）

彖曰：小者過，小者過而亨也。過以利貞，與時行也。柔得中，是以小事吉也。剛失位而不中，是以不可大事也。有飛鳥之象焉。飛鳥遺之音，不宜上，宜下，大吉，上逆而下順也。（原文）

象曰：山上有雷，小過，君子以行過乎恭，喪過乎哀，用過乎儉。（原文）

山上有雷，其聲非遠。本可震動乎天地，今只警惕於人間。是以人間之過，其過終小。由此而建立其信心，則「柔得中」，而小事吉。由此而一本其恕道，則以貞利，而「與時行」，有飛鳥之象，遺世人之音：因不宜上，故行過乎恭，因只宜下，故喪過乎哀；因不可大事，故用過乎儉。既小過而亨，即終於大吉。

（一）

初六，飛鳥以凶。（原文）

象曰：飛鳥以凶，不可如何也。（原文）

山上有雷，飛鳥不下順而藏，反上逆而飛，其不可如何，自可想見。因此之故，便自飛鳥以凶。

（二）

六二，過其祖，遇其妣，不及其君，遇其臣，無咎。（原文）

象曰：不及其君，臣不可過也。（原文）

山上有雷，一切未能直從源頭講，便只好從旁說；當下不能觸及第一義，又故且落在次一層。既已落在次一層，就不好更觸及第一義。凡此固皆無咎。

（三）

九三，弗過防之，從或戕之，凶。（原文）

象曰：從或戕之，凶如何也？（原文）

山上有雷，即應以直而動，以正而行，雖有小過，若知之，若不知之，而「弗過防之」！然若曲從之，則即一己身上有魔，自無怪魔來戕其一己之身上。其凶如何？當可想見。

（四）

九四，無咎。弗過遇之，往厲必戒。勿用永貞。（原文）

象曰：弗過遇之，位不當也。往厲必戒，終不可長也。（原文）

山上有雷，即應有其心之遠。有其心之遠，即應有其意之閒。由是而放下，放平，放鬆，即可無咎。既所處為小過不寧，位有未當，便自一切：若就之，若未就之，而「弗過遇之」，方有其閒。是以只顧競往之為厲，而必須戒；則勿用永貞之為權，即「不可長」。

（五）

六五，密雲不雨，自我西郊，公弋取彼在穴。
（原文）

象曰：密雲不雨：已上也。（原文）

密雲不雨，自我西郊，便自徒有雷聲，留彼山
上。於此而思有所弋取，則一切俱在穴中。飛
鳥有巢，狐狸有洞，既可藏身，則任其小過；
既可潤生，則留其小惑。

（六）

上六，弗遇過之，飛鳥離之，凶，是謂災眚。
（原文）

象曰：弗遇過之，已亢也。（原文）

山上有雷，既弗遇之，更弗過之，則徒呼號於
曠野之中，即終無足以枕頭之地。由是而捨離
一切，便即連飛鳥亦復離之，固不僅四顧無人
而已。此乃以小過，而歸於已亢，因已亢而歸
於決絕。一味決絕，是謂災眚。

第六十五講　水火既濟

☵ ☲　既濟，亨小，利貞。初吉，終亂。
（原文）

彖曰：既濟亨，小者亨也。利貞，剛柔正而位
當也。初吉，柔得中也。終止則亂，其道窮
也。（原文）

象曰：水在火上，既濟，君子以思患而豫防之。
（原文）

水在火上，蒸而為雲，化而為雨。由是而有甘
雨之霖，由是而有蒼生之喜，由是而有天下之
濟，由是而有小者之亨。一切莫不利其性情之
貞，一切當下有其生命之吉。剛柔正而位當，
則精神發揚。柔得中而文明，則心靈圓滿。惟
必思患而豫防，方可免道窮而終亂。

（一）

初九，曳其輪，濡其尾，無咎。（原文）

象曰：曳其輪，義無咎也。（原文）

曳其輪以水，則天下文明，儘可當下用其水力。濡其尾以濕，則天生萬物，儘可當下不必乾枯。是以其用必能無窮，而其義則能無咎。

（二）

六二，婦喪其茀，勿逐，七日得。（原文）

象曰：七日得，以中道也。（原文）

婦喪其茀（首飾），乃由於外來之侵凌，而非由於中心之無主。然以此而更歸於樸，更歸於貞，則守其素，而勿逐，由其道，而得中，又何患乎七日之內，不得其茀之復歸？

（三）

九三，高宗伐鬼方，三年克之，小人勿用。
（原文）

象曰：三年克之，憊也。（原文）

水火既濟，則蒸而為雲，不必費力；化而為雨，亦不必費力。是以「天何言哉？四時行焉，百物生焉，天何言哉」？然處天下文明之終，即不能無高宗鬼方之伐。三年克之，可謂已憊；小人勿用，方興家國。

（四）

六四，繻有衣袽，終日戒。（原文）

象曰：終日戒，有所疑也。（原文）

於既濟之時，以衣袽塞其漏舟，以戒懼度其終日，此正所謂「冠蓋滿京華，斯人獨憔悴」。此於修己而天不與，固有所疑；然能守道而人不知，亦終無患。

（五）

九五，東鄰殺牛，不如西鄰之禴祭，實受其
福。（原文）

**象曰：東鄰殺牛，不如西鄰之時也。實受其福，
吉大來也。**（原文）

東鄰之殺牛以祭，不如西鄰之禴祭之時。禴祭
雖祭之薄，然有其情之厚，即有其性之真；有
其性之真，即有其心之切；有其心之切，即有
其神之靈。由是而精神超越，生命不失其向上
之機；鬼神來享，一切有其安頓之理。是以有
吉大來，實受其福。

（六）

上六，濡其首，厲。（原文）

象曰：濡其首厲，何可久也。（原文）

濡其首，則整個陷溺其中。於水火既濟之時，有精神之整個陷溺，即有其生命之全般物化；有生命之全般物化，即有其心靈之必然窒息；有心靈之必然窒息，即有其性情之絕對梏亡。此則水火之既濟，必不可久；此則人我之既濟，必不可久；此則家國之既濟，必不可久；此則天下之既濟，必不可久。是以只有其厲。

第六十六講　水火未濟

☲ ☵ 未濟，亨。小狐汔濟。濡其尾，無攸利。
（原文）

象曰：未濟，亨，柔得中也。小狐汔濟，未出中也。濡其尾，無攸利，不續終也。雖不當位，剛柔應也。（原文）

象曰：火在水上，未濟，君子以慎辨物居方。（原文）

火在水上，倒映水中，由是而明明在上，則儘是炎熱；明明在內，則儘是淒清。兩個天地，於此顯出；兩個世界，於此劃分。兩個人間，於此透露；兩個心情，於此形成。是以上是上，下是下；是以東是東，西是西；是以左是左，右是右；是以古是古，今是今；是以人是人，我是我；是以物是物，心是心；是以家是家，國是國；是以鬼是鬼，神是神。有上下之未濟，有古今之未濟，有左右之未濟，有東西之未濟，有人我之未濟，有家國之未濟，有心物之未濟，有鬼神之未濟。然水火未濟，而柔得中；小狐汔濟，而未出中。既君子以慎辨物

居方，即萬物以此各得其所。故仍有其未濟之亨，故仍獲其剛柔之應。是以既濟則天下何思何慮，未濟亦天下何思何慮！惟濡其尾，即無攸利。

（一）

初六，濡其尾，吝。（原文）

象曰：濡其尾，亦不知極也。（原文）

濡其尾，而又不知其極，則即拖泥帶水，拖下泥中，又拖下水中，便即有其精神之吝，有其生命之吝，有其心靈之吝，有其性情之吝。

（二）

九二，曳其輪，貞吉。（原文）

象曰：九二貞吉，中以行正也。（原文）

曳其輪，便即有其一大回轉；有其一大回轉，便即有其一大靈機；有其一大靈機，便即有其一大照應。由是而中以行正，貞以自守，故有其吉。

（三）

六三，未濟，征凶，利涉大川。（原文）

象曰：飲酒濡首，亦不知節也。（原文）

水火既濟，天下何思何慮？而終未濟，便自「有孚於飲酒」，而無咎於其中。

水火未濟，天下何思何慮？而不知節，便自「濡其首」，而有孚失於是。

凡易之道，只是未濟；凡易之情，只是知節。

附註

註一：美國近代數學家Raymond L. Wilder所著《數學基礎導論》(Introduction to the Foundation of Mathematics. John Wiley and Sons' Inc. 1952)一書末章有語云：「數學在一文化中所取之方向，決定於文化需要或宗教的，哲學的，農業的，航海的，工業的以及其數學的屬性」。希臘數學和中國數學所取之不同方向，皆由此等文化的史前時期原始文化條件而來。在此一定方向接受了起始的推動力以後，數學的屬文化(Subculture)就在一定程度上以其自身的動量，繼續主要地在內在的進化力作用下前進，如中國數學即是；或在進化力與擴散力(Diffusion)的作用下前進，如希臘數學即是。

易經講義

作者
程兆熊

增修
覺慧居士

編輯
覺慧居士

美術統籌
莫道文

美術設計
曾慶文

出版者
資本文化有限公司
地址：香港中環康樂廣場1號怡和大廈24樓2418室
電話：(852) 28507799
電郵：info@capital-culture.com
網址：www.capital-culture.com

鳴謝
宏天印刷有限公司
地址：香港柴灣利眾街40號富誠工業大廈A座15字樓A1, A2室
電話：(852) 2657 5266

出版日期
二〇一八年六月第一次印刷